AF353015

ADICTO AL ÉXITO
Motivación, crecimiento, descubrimiento y transformación

Aldanis Jesús Wardrope Morales

EDIQUID

ADICTO AL ÉXITO
© Aldanis Jesús Wardrope Morales

Editado por: Corporación Ígneo, S.A.C.
para su sello editorial Ediquid
José Olaya 169, Ofic. 504, Miraflores. Lima, Perú
Primera edición, mayo, 2024

ISBN: 978-612-5142-62-7
Impresión bajo demanda

Hecho el Depósito Legal en la Biblioteca Nacional del Perú N° 2024-03688
Se terminó de imprimir en mayo del 2024 en:
ALEPH IMPRESIONES SRL
Jr. Risso Nro. 580 Lince, Lima

www.grupoigneo.com
Correo electrónico: contacto@grupoigneo.com
Facebook: Grupo Ígneo | X: @editorialigneo | Instagram: @grupoigneo

Colección: Integrales

Índice de contenido

Presentación

Esto es solo el comienzo de mi historia. Cada experiencia la tomo como un ciclo en el que puedo analizar lo que tengo, lo que necesito, lo que no y lo que puedo alcanzar en mi vida. Luego de este recorrido puedo decir que estoy orgulloso de mis esfuerzos y compromiso por seguir convirtiéndome en la persona que quiero ser, personal y profesionalmente. Y voy a continuar creciendo, expandiéndome, trascendiendo...

Con obstáculos, pero con una visión clara; organizando mis prioridades, consciente de los recursos que tengo a la mano, echándole ganas, aprovechando las oportunidades, llenándome el alma y siendo imbatible.

Vivo en una constante búsqueda de retos que me ayuden a superar o sobrepasar el nivel de exigencia anterior, no me permito quedarme estático, me encanta encarar mis miedos y hacerles saber que soy más que ellos.

Amo la incomodidad, no me gusta sentir confort pues esa zona es una de las mayores generadoras de estancamiento. El estancamiento y la falta de movimiento corrompen. Hasta el día de hoy me da mucha satisfacción ver que he dado todo lo mejor de mí para lograr mis metas y, por supuesto, me motivan los resultados alcanzados.

Me gusta la persona que veo reflejada sea la que yo he elegido ser y a la que estoy día a día construyendo; descubrir mi vida personal, a través de este libro, para compartirles parte de mi experiencia y motivarlos a ser adictos al éxito, no es tarea fácil para alguien que por naturaleza es reservado. Sin embargo, me he propuesto retribuirle a Dios y a la vida todas las oportunidades otorgadas, entregando herramientas a cada una de las personas que den con esta obra para que tengan una guía que les ayude en la consecución de sus objetivos.

Dedicatoria

A Dios, por el hecho de permitirme la vida; con él todo, sin él nada.

Para una persona muy especial que ha dado todo de sí para conmigo a cambio de nada. La vida entera no me va a alcanzar para agradecerte todo lo que me has dado.

Gracias por ser mi refugio en mis días de tormenta, por ser mi paz en días turbulentos, por ser mi escudo en mis días de guerras, por ser mi luz en mis días de oscuridad, por impedir que me rindiera, por ayudarme a levantarme de cada caída.

Esta vida es más bella porque tú estás en ella… nuestras almas están por siempre atadas y nuestros corazones latirán eternamente al mismo son.

Día tras día, tarde tras tarde, noche tras noche agradezco a Dios infinitamente por permitirme crecer dentro de ti y a tu lado, por permitir que me educaras siendo mi maestra escolar y maestra de vida, por ser mi motor, por ser la combustión que me moviliza, por ser como eres, por cada lección, por permitirme ser, por ti soy. Gracias, mamá.

¿Qué es y por qué escribí Adicto al éxito?

Adicto al éxito es un testimonio que seguro te instará a no claudicar y ponerte en acción, activando la voluntad y el deseo de superación. Es mi mayor inversión de vida.

Es la narrativa del recorrido de estos años de crecimiento personal y profesional. Una mezcla de fe, determinación y coraje; la fórmula de un ser indestructible.

Sin lugar a dudas, es un reflejo de mi ser. Sé que más que un libro recibirán la inspiración para alcanzar sus metas, para no rendirse y cuando piensen que sus sueños son imposibles o inalcanzables, tengan presente que lo difícil se hace, pero lo imposible tarda un poquito más.

Este libro está redactado con el alma en las manos, con las manos quemadas, con el corazón abaleado y rasgado, con la piel llena de cicatrices producto de las guerras, de los trayectos de los cuales he salido librado; entero, pero no ileso; vivo, pero con heridas que hasta el momento arden, que aún queman, pero tengo un Cristo que todo lo puede, que da vida y restaura; por Él estoy aquí, de pie ante el mundo, pero de rodillas ante Él. Ya no tengo dolor, nada me asusta, nada me impresiona, ya nada ni nadie puede contra mí.

La principal razón de esta publicación es que me hubiese gustado leer lo que estoy plasmando aquí cuando comencé mi recorrido, cuando surgieron estas ganas de hacer, pero no sabía por dónde comenzar. En ese momento, me hubiese gustado que alguien me dijera: «Tranquilo, vas a lograrlo, a su tiempo, pero vas a lograrlo».

Lo que sucede con la vida (y esto nadie te lo dirá tan claro como te lo diré yo) es que es cruel, difícil y no te dará ni la más mínima oportunidad de triunfar, a no ser que pelees.

Por eso te invito a conocer las claves a través de este libro para alinear tu vida con una razón de ser, pues *Adicto al éxito* va a ayudarte a descubrir y potenciar tu propósito de vida; también te revelará los «secretos» de cómo hacer que tus miedos te tengan miedo.

Mi ganancia más valiosa es la de motivar a aquellos que, como yo, tienen deseos de superación, sed y hambre de ir por más a que continúen esforzándose y que no se rindan; el legado que quiero dejar es el de no conformarse con sólo lo que logramos, sino de cómo inspirar a otros a escribir y ser protagonistas de su propia historia.

Cartas

Hoy sabes que la vida no es lineal, a través del camino descubriste que está llena de grietas, curvas y altibajos.

Gracias por aprovechar cada oportunidad, por no malgastar el tiempo y hacer en cinco años lo que te tomaría once.

Toda crisis y todo obstáculo que en su momento cuestionaste y renegaste, ahora sabes que sirvió de concreto para formar esta base sólida donde hoy estás de pie.

Aunque tus sueños te asustaron y te hicieron dudar, te agradezco por no rendirte, hoy por hoy sabes utilizar el miedo como un buen indicador.

Mi pequeño gigante gracias por guiarme siempre, perdón por ignorarte durante años. Discúlpame por no prestarte atención cuando más me necesitabas. Por abandonarte con una herida que ambos compartimos, mientras yo pretendía hacerme el «fuerte».

Disculpa por encerrarte con ella en el sótano de mi ser pues creía qué sólo eras algo que me avergonzaba. Cuando lo que más me hacía falta era tu pasión y tu inocencia.

En verdad lo siento por si alguna vez hice que dudaras de ti mismo. Perdóname por no haberte tratado como usualmente lo hago con los demás; con paciencia, con gentiliza, con amor, con cariño y con respeto.

En este afán de quererte cuidar del mundo lo único que hice fue convertirme en tu mayor crítico y fui muy duro contigo. Y lo único que logré fue lastimarte y limitarte y esa nunca fue mi intención.

Gracias por tener la perseverancia de seguir intentando siempre ser parte de mi vida. Por nunca rendirte conmigo. Por no abandonarme porque, aunque seas más pequeño que yo, ves las cosas importantes con mayor claridad. Gracias por ser mi animador más grande, mi brújula y mi compinche.

Mientras crecías el mundo te enseñó que había algo en ti que tenías que odiar, les creíste y te hiciste mucho daño. El camino de regreso hacia ti ha sido largo y doloroso, pero es lo más valiente que has hecho; mientras va pasando el tiempo, todavía sigues conociéndote, por eso sigues buscándote, no pares hasta encontrarte en tu totalidad.

Entre nos...

«Me he equivocado tantas veces y el resultado es lo que ven.

Me han señalado por mi esencia feroz y hambrienta, un tiburón.

Me han juzgado, etiquetado, llegué a dudar de lo que soy, de mi luz y esta manía por defender adonde voy; ya no importa lo que digan, yo renazco del dolor y reaparezco sin heridas. Soy fuego implacable, creo en cada parte de mi ser. Nado solo y mato el miedo; nada puede derrumbarme, si es preciso, de entre las cenizas volveré a nacer».

Muchas veces me planteé la posibilidad de tirar la toalla porque es una presión muy grande la de tener que complacer a todos, cuando además es algo imposible de hacer. Esto me condujo a una depresión profunda, la que decidí enmascarar con sonrisas fingidas y una falsa paz que ni yo mismo detectaba cuando estaba inmerso en ella, hasta que mis pulmones empezaron a fallar, les comenzó a faltar el oxígeno y supe que tenía que salir de allí y llegar a la superficie para volver a respirar, a ser yo.

Alcancé el ritmo de mis latidos y pude al fin respirar sin ahogarme con mi propio aliento cuando entendí que no siempre estaré brillando. Dejé de idealizar la felicidad y dejé de verla como una constante después de vivir tanto tiempo en la obsesión por mantenerla.

Antes no me sentía yo, me sentía parte del sistema, me sentía parte de lo que todos querían ser y entonces justo sucedió una desconexión.

Tuve que empezar a encontrar un motor distinto, tuve que dejar de buscar la aprobación de los demás y centrarme en aprobarme y aceptarme a mí mismo. Aprobar mi pasión y dejar de estar en ese molde que la sociedad impone para poder «ser feliz».

Estoy trabajando en mí, hice muchos cambios en mi camino, aún sigo aprendiendo y estoy rectificando varios aspectos de mi vida, pero, sobre todo, lo que tengo muy claro es que he cambiado y ya no soy la persona que era antes. La vida pasa y todo cambia.

Ahora...

Soy más, todo, nada.

De mí, para ti.

Mantente fuerte, todavía tenemos un montón de batallas que luchar, miles de obstáculos que superar y mucho potencial que demostrar…

¡Podemos hacerlo!

Ve a tu paso, mientras tú no te rindas, incluso los pasos chiquitos son valiosos, te prometo que vas a lograrlo.

Te confieso que admiro que te levantes, que lo vuelvas a intentar, que aunque has llorado en silencio y estás pasando por batallas no le cuentas a nadie. Hoy estás aquí intentando dar lo mejor de ti, vengo a recordarte lo fuerte y valiente que eres, por todas las guerras de las cuales has logrado salir adelante, recuerda todas las veces que te sentías similar a hoy y como después de ello vinieron momentos mejores, esta vez no será la excepción. Admiro que hoy estés aquí intentándolo de nuevo, sé amable contigo, valora cada paso que das y no te olvides de llevar siempre amor propio en tu caminar.

Tú no sabías lo que te tocaría vivir, de pronto las cosas pasaron y estabas ahí, viviendo una de tus situaciones más difíciles, algunos días con ansiedad, otros con tristeza y muchas otras sanando, pero mírate, a pesar de todo, cada día lo sigues intentando y das lo mejor de ti; quiero que sepas que eso que estás viviendo no será para siempre, que vas a sanar, que eres mucho más fuerte de lo que crees y que pronto, muy pronto… todo va a estar bien.

Estoy orgulloso de ti, sé que no quieres estar aquí, lo entiendo es un estado mental muy duro lo comprendo, pero no renuncies porque si renuncias vas a volver a donde estabas. ¿Recuerdas cuando empezaste? lo mal y lo desesperado que estabas por estar donde estás ahora, si lo recuerdas tienes que mantener la misma actitud, tienes que seguir adelante. ¡Sigue luchando! Recuerda, nunca abandones un sueño porque lleva tiempo, el tiempo igual pasará.

A mí me daría miedo tener siempre la misma vida por no tomar riesgos, me daría miedo morir sin saber de lo que soy capaz, de cuál sería mi mejor versión. Es que no se trata de dejar de tener miedo, se trata de hacer las cosas que quieres hacer, aunque lo tengas.

Antes de iniciar...

Quiero que te repitas esto:

Querido universo te pido que trabajes conmigo para abrir nuevos caminos que me lleven siempre hacia mi mayor crecimiento y para dejar aquellos que ya no son para mí. No perderé mi pasión ni el sentido de la misión.

Revisaré a diario la dirección y el entendimiento de la situación. No importa dónde me encuentre, cualquier lugar será plataforma para acercarme a la meta. Modelaré, día tras día, una actitud firme y positiva hacia la adversidad, seré imparable porque siempre andaré con Dios de la mano.

No perderé ni un día de mi vida en algo que no lleve la voluntad de Dios en mi andar; creceré momento a momento, y mientras otros duermen, yo estaré creciendo, estudiando, discerniendo, amando la vida sin filtros, sin etiquetas, sin miedo a morir en el intento de llegar a lo extraordinario; creyendo en el Dios de lo imposible, de lo invisible y no entendible. No me permitiré jamás creer que pude haber vivido sin este día.

Los **ganadores** fracasan hasta que alcanzan el **éxito**

CAPÍTULO I

Historia de vida

Cómo empecé a crecer

Crecí porque los obstáculos me hicieron querer saltar más alto.

Porque aprendí de los errores y lo volví a intentar cuantas veces fuera necesario.

Porque vi con ojos de lecciones los aparentes fracasos.

Porque moldeé mi vida con cada golpe y le di la mejor forma posible.

Porque aprendí a sacudirme el polvo de las rodillas y pararme más fuerte de cada caída.

Porque nunca dejé de creer en mí.

Porque mientras más altas fueron mis ramas, más profundas anclé mis raíces.

Porque nunca deje de evolucionar.

Porque abracé el mundo y sus cambios, porque estuve dispuesto a cambiar.

Porque mis lágrimas regaron nuevas semillas, aun cuando la vida parecía enterrarme.

Porque no sé cómo darme por vencido.

Porque la vida premia a los que no se rinden.

Porque nada realmente bueno se logra fácil.

Porque me trabajé desde adentro, porque aprendí a ver más allá de mí mismo.

Porque dejé que Dios guiara mis pasos y me llevase por los caminos que me enseñaron mucho.

Porque tengo un propósito, más allá de los bienes terrenales.

Porque tengo una misión que cumplir, porque la vida tenía que prepararme para cumplirla…

El veinticuatro de noviembre de mil novecientos noventa y siete, nació un niño, a quien presentaron como Aldanis Jesús Wardrope Morales. Veintiseis años después ese niño logró obtener en cinco años lo que le tomaría once, ya te lo cuento…

Necesito que me creas el estudio sí paga, es una de las tantas inversiones monetarias que hay, aun cuando hay otras más importantes que esta. También quiero que sepas que el recorrido transitado está lleno de un mar de sentimientos y sensaciones: ira, sudor, enojo, tiempo, logros, estrés, derrotas, lágrimas, desánimo, aflicción, disciplina, sacrificio, impotencia, determinación, victorias, desaciertos, quiebra, cúspide, pero al final todo este esfuerzo y esta entrega te serán retribuidas. Créeme, sé lo que te digo, yo pasé por todo eso y en silencio tuve que salir adelante.

Me hubiese gustado tener a alguien que me dijera lo que hoy estás leyendo. Este libro de vida está enfocado en el proceso y el esfuerzo; el sacrificio y la tenacidad que he hecho para cumplir cada uno de mis sueños y metas.

Sigue adelante a pesar de los contratiempos, sigue adelante a pesar de la adversidad, les digo que sigan adelante porque en unos años cuando miren atrás; estarán plenos, satisfechos de recordar que dieron todo lo que tenían; que dejaron todo de si por luchar y hacer su futuro, que les sirvieron esas desveladas hasta tarde, esos despertares de madrugada, las horas y horas en los libros, la preparación, la dedicación y la resiliencia. Créeme al final valdrá la pena, valdrán los riesgos, al final todo valdrá.

Esta versión mía, no fue construida de la noche a la mañana, es ansiedad, depresión, experiencia, dolor e inseguridad.

Permíteme contarte y permítete conocer esta historia...

El niño del primer párrafo **soy yo**, quien hoy te escribe desde el alma a ti que sé que estás esforzándote día a día, noche con noche; a ti que, como yo, en un momento dado pasé por todo lo que hoy atraviesas tú, sé que te aterra pensar en qué te convertirás y más aún te aterra saber si lograrás convertirte en todo lo que tienes pensado ser.

Durante toda mi vida académica, iniciando desde la etapa escolar, era quien organizaba todos los temas de proyectos, ferias; todo lo concerniente a dirección, organización y planeación; esos sin saberlo, sin ni siquiera imaginarlo, fueron mis cimientos.

Como todo graduado de bachillerato en Ciencias, mi sueño era estudiar Medicina. Luego de graduado de secundaria y sin desperdiciar el tiempo, comencé con las indagaciones acerca del proceso de admisión e inscripción en la universidad, iba muy entusiasmado de poder abrirme paso a la vida universitaria en la carrera de Medicina, y sí, logré estudiar en la Facultad de Medicina, pero no logré graduarme como médico, que en ese entonces era lo que quería. Hoy sé que en aquel momento estaba equivocado, pues al insistir en el estudio de esa carrera, hoy no estuviese escribiendo estas líneas.

Hoy por hoy, con plena certeza y lleno de convicción, sé que los planes de Dios son perfectos, aunque en ese preciso momento no lo entendía, pues no contaba con la capacidad y mentalidad que ahora poseo. Dios supo mover mis pasos justo adonde quería que me dirigiese, ahora me agradezco por no desafiar sus planes, ya que si lo hubiese hecho no estaría contándoles esto.

Mi motivación al salir de la secundaria fue verme al espejo sin ninguna posibilidad de alcanzar todo lo que quería. Me vi a mí mismo y me dije: «Si quiero que esto cambie, solo está en mí, solo depende de mí». De pronto se me quitó una venda de los ojos y comprendí que, si quería que mi vida fuera diferente, era mi completa responsabilidad hacerla diferente.

El punto inicial para volar hacia las estrellas, el punto inicial para cambiar tu vida, el punto inicial para tener grandes logros es aceptar por completo una responsabilidad incondicional. Si debe de ser, si quieres que sea, debes hacerlo tú mismo.

Recuerdo, como si fuese ayer, el proceso de admisión universitaria, asistí con mi madre a indagar lo relativo a los pagos para la licenciatura en Medicina. Cuando la asesora nos dijo el monto mensual pude sentir cómo se quebró mi sueño y se fragmentó en miles de cristales tirados al piso como quien deja caer desde lo alto un vaso de vidrio y se rompe en mil pedazos al hacer contacto con la sólida base del asfalto. Mi madre sin disimular las gesticulaciones de su rostro me miró y dijo: «No», fue el primer no proveniente de ella y el más duro en toda mi vida.

El primer paso siempre es el más difícil. En todos los sentidos, en cualquier aspecto.

Cabizbajo, con un inmenso nudo en la garganta, deprimido y desanimado llegué ese día a casa, me dirigí a mi habitación y no salí hasta el día siguiente.

Urgido y ansioso por comenzar mi vida universitaria tomé la computadora y comencé a investigar sobre carreras que estuviesen muy ligadas a Medicina y dentro de esas encontré Tecnología Médica; no sabía a ciencia cierta qué era, en mis investigaciones acera de la misma pude conocer que ningún médico puede establecer o brindar un diagnóstico certero sin la labor de un tecnólogo médico, esto me atrapó y me llevó a dar el siguiente paso, averiguar en qué universidades ofertaban dicha carrera.

Días después estaba sentado en mi primera clase y es aquí donde, de manera formal, inicia mi travesía en aguas que ni siquiera llegué a imaginar que nadaría.

Mi madre conociendo mi entusiasmo de querer estudiar medicina y al no poder cumplirme aquel sueño, me propuso el mejor y más grande trato de mi vida, el mejor tres por uno que pude aprovechar, estudiar dos carreras más al mismo tiempo en el que sacaba adelante la carrera de tecnología médica, y a esto le llamo aprovechar el tiempo al máximo, aprovechar los recursos de forma adecuada, ya que la misma mensualidad con la que se pagaría la carrera de medicina, sirvió para costear las otra dos carreras. A esto le llamo matar tres pájaros de un solo tiro, como decimos coloquialmente.

Cinco años después logré lo propuesto, soy tecnólogo médico, abogado y gestor de operaciones. En la actualidad me encuentro cursando una maestría y quién sabe, si tengo vida, tal vez me apunte y logre un doctorado.

Muchos me llamaron loco, adicto, y sí soy un adicto en su totalidad, adicto al sentimiento de logro. La verdad no sé si esto esté bien o mal, solo sé que esta adicción crece cada día más. En un mundo donde la normalidad a veces limita la creatividad y la innovación, recuerda siempre que los grandes logros a menudo fueron concebidos por aquellos que se atrevieron a ser un poco «locos». La valentía de pensar fuera de lo común puede conducir a resultados extraordinarios.

Por más loco que parezca todo empieza por un sueño. Para ser alguien o lograr algo, se nos va a poner a prueba para ver qué tan fieles somos a lo que queremos.

Se nos dirá que es irrealista, que no somos capaces, que no se va a poder, pero al final del día ese sueño se vuelve el motor de nuestro corazón y nos enseña el camino a lo que nos hará felices y nos enseña el propósito de nuestra vida.

Hace años, la incertidumbre me invadía. Me preguntaba cómo sería el camino hacia este punto y si las cosas marcharían según lo planeado. Aquí fue donde me invadió el síndrome del impostor. Esta condición es poco conocida.

El síndrome del impostor

Se trata de personas que no somos capaces de ver por cuenta propia los logros que hemos alcanzado. Esto a lo largo del tiempo genera una constante ansiedad, miedo y frustración que impide reconocer nuestras victorias por más pequeñas que sean.

Las personas que padecemos de este síndrome aducimos a que lo que nos ocurrió fue cuestión de suerte o nuestro empeño fue sobrevalorado, cosa que es un error total pues todo lo que nos pase nos lo debemos a nosotros mismos y a nuestro esfuerzo, solo que aún no nos sentimos preparados para reconocer ese mérito.

Lo que te quiero recomendar son algunas técnicas para lidiar o vencer a este síndrome.

¿Cómo evitarlo?

1. Haz una lista con tus logros: Haciendo este ejercicio notarás lo valioso que eres, tendrás otra perspectiva del panorama y verás lo que has alcanzado.
2. Enfoca tu atención en los hechos: Céntrate en tus acciones y no en lo que sientes, el autosaboteo puede paralizarte y hará que no avances. Sé un analítico realista.

3. Conócete para empezar a corregir: Primero acéptate como eres para que dejes atrás los malos hábitos, siendo objetivo y comprensivo podrás progresar.

4. Que la actitud y fortaleza sean tus pilares: La mente tiene poder y ella conoce todas tus debilidades, pero lo que no debes hacer es darle la autoridad de controlar tu visión de ver las cosas.

5. Todos somos humanos: Cometer errores es parte de la vida, nadie nace sabiendo, no busques la perfección porque no la vas a conseguir, solo sé amable contigo y trata de dar lo mejor de ti.

6. Reconoce tus fortalezas: La autoconfianza depende de tu capacidad para prestar atención a tus talentos, logros y ventajas. Simplemente comprometiéndote un poco más cada día a recordar tus fortalezas, puedes aumentar tu autoestima y construir esa confianza

¿Cómo logré vencer a este invasor?

En lugar de dejarme consumir por el miedo, decidí arriesgarme y perseguir lo que quería. Cada éxito tiene su propio proceso y aunque aún no sé si puedo llamarlo éxito en pleno sentido, puedo afirmar con orgullo que he logrado cosas que en algún momento decía «algún día» y parecían inalcanzables.

Hoy, miro hacia atrás y contemplo todo el esfuerzo invertido. Valió la pena cada segundo de espera, cada lágrima derramada y cada oración pronunciada.

Nunca es tarde para ser quien podrías haber sido.

Unos años atrás no me hubiera imaginado ni la mitad de las cosas que han pasado, no hay tormenta que no termine en calma, todo sucede en el momento que debe suceder. Nada de esto hubiese sido posible sin combinar un sinfín de errores mezclados con esfuerzo, disciplina y actitud positiva.

No fue suerte. Fue saber utilizar efectivamente los recursos, el trabajo, la constancia, compromiso y convicción lo que me trajo hasta aquí. Fue el esfuerzo, las decisiones y las caídas que me enseñaron a dar pasos firmes. Si alguien merece el crédito primero es Dios.

Siempre necesité mucho apoyo, pero el «yo puedo solo» ha sido mi frase desde pequeño, hubo muchas noches en las que tuve que abrazarme fuerte, tardes en las que tuve que aconsejarme frente a un espejo, muchas lágrimas yo mismo me las sequé de mis mejillas. De todo esto aprendí que puede abandonarme el mundo entero, pero mientras yo no me abandone y Dios sea mi guía, todo estará bien.

En estos momentos podrías estar pensando: «¡Qué afortunado de tener ese privilegio», y ¡sí!, agradezco de manera incansable a Dios y a mi madre por la oportunidad brindada, la vida entera no me alcanzará para dar gracias.

Otros dirán: «Yo no tengo las mismas oportunidades que tú tuviste» o «yo no nací con esas mismas condiciones». A esas personas les respondo: toda oportunidad que se te presente en el camino, por más mínima que la creas, tómala; no importa lo que vaya a suceder, no pienses en qué va a pasar, solo piensa en todo lo grande que va a ocurrir. Si no tienes oportunidades o las oportunidades no te llegan, créalas tú mismo, y ¿cómo lo vas a hacer? Yo tampoco lo sé, no te puedo dotar de un manual para que todo te salga perfecto, debes vivir tus propias experiencias, hay algo muy cierto, todos no somos iguales, pero todos tenemos algo en común. Tenemos las mismas veinticuatro horas, depende de ti si las sabes utilizar a tu favor y sacarle el máximo provecho.

No se trata de un tema de suerte ni de privilegios, se trata de un tema de querer, de poder, de enfrentar, de encarar miedos, de no claudicar, de no darse por vencido, y esto es lo que quiero enfatizar al contarte mi historia de vida. Hoy me pregunto y ¿qué hubiese pasado si no hubiera aprovechado ese tres por uno?

No existe ser humano que te conozca más que tú mismo, bajo esa premisa puedo decir que, de no haberlo aprovechado, estoy convencido de que hubiese encontrado las maneras para estar aquí contándoles lo que justo leen, tal vez con un poco más de rasguños y balazos, pero aquí estuviera, porque es algo que va en mí, es algo que me inquieta; perder el tiempo es algo que nunca en la vida te debes permitir, porque jamás regresa. Te comparto este ejemplo:

Solo dos horas perdidas al día, son catorce perdidas a la semana y un mes perdido al año. Entonces, no tienes poco tiempo, pierdes mucho tiempo.

Yo sé cómo se siente despertar y no querer hacerlo, levantarse y querer volver a la cama, comer y no disfrutar, se lo que es no querer nada y no encontrarle sentido a la vida, pero también sé cómo se siente salir de ahí, volver a sonreír, volver a vivir, volver a sentirte feliz. Si nada te está saliendo bien, créeme pasará, aunque hoy te sientas perdido, siempre hay una salida.

No conocen mi proceso y me llaman egoísta por pensar en mí y mi tranquilidad.

Si supieran lo mucho que me costó salir adelante de ciertas situaciones, las decepciones que tuve que pasar y los momentos que tuve que vivir para convertirme en la persona que soy hoy…

Después de todo lo que pasé aprendí a valorar mi soledad y mi amor propio. Dejé atrás a muchas personas, aprendí a cultivar mi círculo de vida, dejé de darle importancia a cosas insignificantes que no suman a mi vida y empecé a priorizarme porque merezco ser feliz y sentirme bien conmigo.

Detrás de la persona que soy ahora hay un largo proceso lleno de caídas y aprendizaje, no fue fácil, pero lo conseguí, ahora me quiero y me valoro más, sé lo que merezco y no dejo que nadie pase mi límite. Ya no estoy para quien no sabe apreciar mis buenas acciones, me alejé de la envidia y la hipocresía, no espero nada de nadie ni voy detrás de personas que no me necesitan en su vida.

No es egoísmo, simplemente ahora todo es distinto, tomé la decisión de mirar más por mí y es lo mejor que pude hacer.

Cuando cambié mi mentalidad entendí que no debo pensar tanto las cosas, debo mirar más por mí pues no vale la pena desgastarse por nada ni nadie… Cuando me di cuenta de que solo dependía de mí estar bien, me levanté en mis peores momentos y comencé a creer que llegarían cosas buenas a mi vida.

Sé que no siempre van a salir las cosas bien, pero si me toca volver a empezar así será, no me rendiré y seguiré luchando por mis propósitos porque yo sí quiero llegar lejos y quiero ser mi mejor versión. Con la cabeza alta, centrándome en lo importante, dejando lo que no me haga bien atrás, valorando mis momentos de soledad y cuidándome de aquellas personas que no me quieran ver lograr mis metas, seguiré caminando, aprendiendo y creciendo como persona.

Creo que ya lo entendí, no pasa nada si vuelo a caer en el caos. Puedo conocerme en la soledad, todavía puedo amarme, incluso mucho más. Voy aprendiendo de mis propios errores, de mis historias con finales no felices y de las veces que me han soltado sin razón alguna. Ya no espero, no idealizo, ya no quiero condenarme a vivir mi vida con la amargura y la pesadez de que las cosas no sean como lo veo en mi mente. Quiero que a partir de ahora, todo fluya de la manera que sea, ya no guardaré tiempo para quien se fue y en mi inocencia, creí que regresaría. Ya no cerraré mis puertas y ventanas, dejaré que la luz entre por todos lados y no volveré a invisibilizarme por la soberbia y el orgullo que me invade cuando todo sale mal. Seguiré aprendiendo, seguiré soltando lo que ya no me pertenece, seguiré caminando para conocer más, me aferraré a la libertad.

Cuando te encuentres en medio de una guerra contra ti mismo, donde tú seas tu propio enemigo, recuerda sacar del bolsillo una bandera blanca. Quizá por mucho tiempo pusiste de manera inconsciente a tu mente en estado de supervivencia y por ende cree que todo es un constante peligro; incluso tú. Muéstrale la bandera blanca, enséñale que vienes a hacer las paces con ella, recuérdale quien eras antes de ese resentimiento, antes de ese miedo y desconfianza. Solamente tú sabes si has sido un mal consejero contigo mismo, pero cada mañana tienes la oportunidad de cambiar eso, de hacer las cosas diferentes y empezar a construir una buena relación con tus pensamientos. Las guerras personales, también tienen fin.

Me he movido en ambos extremos, unas veces fui desierto y otras veces fui mar. Hubo ocasiones donde francamente quedé debiendo explicaciones, también recuerdo aquellas cuando mi voz fue el único sonido emitido durante una conversación

> Lo tienes todo, crea y cree en ti. Crea la vida que te mereces, sin importar cuántos miedos te cueste.

de dos o más. Pasé veranos con mi interior en hielo, emociones completamente congeladas, por otra parte, tuve inviernos donde mi corazón era el lugar más cálido para estar. Me perdí infinidad de veces a plena luz del día, pero me logré encontrar bajo mi propia sombra.

Hay días donde el nudo en la garganta se esparce hacia el corazón, donde el cansancio mental pesa más que la motivación. Mira, la tristeza quizá puede sentirse fría, pero es tan necesaria que a veces es justamente ahí, entre lágrimas donde se siente tu interior como un hogar seguro, donde puedes soltar penas desde la libertad y sumergirte sin juicio en la vulnerabilidad de tu ser. La felicidad es buena, la tristeza también; ambas son una estación de tren en las que hay que bajar eventualmente para no marearse en el viaje.

La vida es un camino largo que tiene buenos y malos momentos, días llenos de felicidad y otros donde no todo estará bien... Todo esto forma parte de la vida, lo bueno lo disfrutas y lo malo te enseña, los momentos difíciles también pasan y todo vuelve a estar bien, cada decepción se convierte en una lección que forma parte de tu aprendizaje, los obstáculos te hacen crecer como persona, te cambian y te vuelves fuerte interiormente.

Enamórate, ríe, llora, aprovecha el tiempo con tus seres queridos, aléjate de aquello que no te haga bien, sigue adelante con tus propósitos y no dejes de progresar porque eso es vivir.

Las personas y los momentos son temporales, todo lo que vives en tu vida viene a enseñarte algo, te encontrarás con personas que no valen la pena ni merecen nada de ti pero también te encontrarás con alguien que sepa valorarte y que te motive a ser mejor.

A medidas que vayas avanzando irás cambiando tu mentalidad, empezarás a aceptar y comprender ciertos aspectos de tu vida, lo que antes te atormentaba se irá y te sorprenderás de todo lo que estás logrando. Recuerda que la vida sigue siendo hermosa pese a lo que venga, todo es un proceso, aprende y enfócate en ser cada vez mejor.

«Estudiar ciencias es un privilegio que pocas personas aprovechan, pues, aunque es uno de los estudios de mayor importancia, se hace en laboratorios, muchas veces en soledad y sin todas las cámaras de televisión enfocadas en la persona como ocurre en deportes o en el cine. Pero no hay nada que se pueda comparar a descubrir algo fundamental de lo cual depende la vida y salud de seres humanos»
(Dr. Newton G. Osborne).

Pandemia por Covid–19

Gracias a mi profesión como tecnólogo médico, desde el Departamento de Biología Molecular, pude contribuir a frenar la cadena de contagio a través de las dos principales pruebas de diagnóstico de este virus, las cuales son detección mediante antígeno (Ag-Covid19) y material genético (RT-PCR).

Me resulta tan curioso e increíble que algo tan pequeño que ni siquiera podemos ver a simple vista, pueda ser tan poderoso y producir tanto daño a la humanidad. Así lo es el virus SARS-CoV-2, el cual llegó según datos registrados a nuestro país el día 13 de marzo de 2020.

Esta batalla fue difícil, muchos sueños terminaron ante de tiempo, vidas que no se vivieron hasta el final, planes que no se cumplieron y esperanzas que se desvanecieron y más de siete mil panameños y panameñas fueron víctimas inocentes de esta pandemia y, por eso, en estas líneas quiero honrarlos, así como también a aquellos que en primera línea fueron puentes entre la vida y la muerte de muchos.

Estás a punto de **entrar** en uno de los mejores capítulos de esta **adicción,** favor pon a un lado el miedo y dale **paso** al **éxito**

CAPÍTULO II

Adicto al éxito

El éxito no es suerte,
no es un proceso cómodo.
Es disciplina.
Es humildad.
Es confianza.
Es paciencia.
Es prudencia.
Es resiliencia.
Es convicción.
Es dedicación.
Es constancia.
Es preparación.
Es aprendizaje.
Es compromiso.
Es trabajo duro.
Es consistencia.
Es quererlo con todas tus ganas.
Es saber que lo vas a intentar hasta conseguirlo,
sin importar el cuándo, el dónde y el cómo.

El éxito tiene significados diferentes para todos. Así que debe ser definido y vivido por ti. Todos aquellos que buscan el éxito, han experimentado o experimentarán diferentes etapas para conseguirlo. Lo que importa es que seas capaz de superar cada etapa y lograr aquello que buscas.

Cada etapa en tu camino al éxito es solo un recordatorio de lo grande que puedes llegar a ser. El éxito es ir de fracaso en fracaso sin perder el entusiasmo, es cuestión de ganar control en cualquier disciplina; nadie alcanza la meta con un solo con intento, ni perfecciona la vida con una sola rectificación, ni alcanza altura con un solo vuelo. No le tengas miedo a fallar, tenle miedo a no intentarlo. Radica en no dejar que las excusas controlen nuestro camino.

Te pregunto ¿cuándo verás que tu propósito es más grande que tu excusa? no sé tu nombre, pero sé que tienes un sueño, no sé de dónde eres ni dónde me estás leyendo; no sé a dónde vas, pero sé que vas a ganar. Tienes un destino increíble que está a solo un paso de toparse contigo, tienes que ser más fuerte que tus excusas, las excusas no consiguen resultados.

> Sigue siempre tus sueños, ellos saben el camino.

En fin, el éxito es un viaje individual y solo tú puedes descubrirlo, diseñarlo y disfrutarlo. A su vez conlleva estrés y este es necesario en la vida para crecer, para mejorar, para desarrollarnos y para evolucionar; se necesita de un estímulo para avanzar, para ir aprendiendo cosas nuevas, para hacer frente a nuevos retos, nuevos desafíos.

El término adicción suele tener siempre una connotación negativa, pero ¿ser adicto al éxito? esta dependencia puede impulsarte y crear la fuerza interna que necesitas para alcanzar tus metas.

Alguna vez te has preguntado ¿por qué algunas personas parecen tener una vida en abundancia mientras que otras luchan constantemente para salir adelante? ¿por qué algunas personas están en yates, otras en lanchas y otras en balsas nadando con todas sus fuerzas, a pesar de estar en el mismo mar? Entiendo el punto de vista desde donde lo dices, pero quisiera responderte con otra pregunta. ¿Quién te asegura que en realidad les va bien?, ¿qué estén en una buena posición económica?, ¿qué tengan lujos?, ¿qué viajen y que muestren al mundo una cara sonriente porque su vida es extraordinaria? Entonces querido amigo, eso por sí solo no significa que lleve una buena vida, eso tiene nombre y se llama apariencia. Una persona puede tener el caminar elegante de un pavo real demostrando felicidad y al mismo tiempo llevar una enorme sombra que perturba su consciencia. Nunca sabrás lo que una persona realmente vive a puerta cerrada. La gente aparenta muchas cosas, nosotros sabemos únicamente lo que ellos quieren que sepamos.

Ahora bien, del otro lado están aquellas personas que viven sin aparentar, que viven en plena armonía con la vida porque solo ellas saben lo que les ha costado lograrlo y no se enfocan en impresionar a los demás, porque su competencia es consigo. No hacen las cosas para ser mejor que los demás, lo hacen para ser una mejor versión de sí mismos cada día, para hacer la voluntad de Dios, para superar sus miedos e inseguridades, para ir más allá de sus límites saliendo de su zona de confort. La respuesta para lograr vivir de tal forma puede estar en la manifestación consciente.

La manifestación es el poder de tus pensamientos y creencias para dar forma a tu realidad, es una herramienta poderosa que se puede utilizar para atraer lo que te conviene y descartar todo lo que no esté alineado contigo; la manifestación funciona enfocándose en pensamientos positivos y visualizando lo que quieres en la vida lo que luego conduce a un cambio de energía que atrae el resultado deseado. Al comprender cómo funciona, aprendes a usarla para crear una vida llena de abundancia, alegría y mucha satisfacción.

Con la manifestación tienes el poder de crear cualquier tipo de vida que quieras para ti. Por solo un segundo piensa en la vida de tus sueños: imagínala, siéntela. Imagínate en tu mejor versión: ¿Cómo te ves? ¿Cómo te mueves? ¿Cómo hablas? ¿ya? Bueno, tú tienes el poder de hacer que todo esto suceda. ¿Qué esperas?

Y... ¿Cómo funciona?

No es más que el proceso de crear tu propia realidad usando el poder de tus pensamientos y creencias, se basa en la ley de atracción que establece que puedes manifestar lo que quieres en la vida pidiéndolo, creyéndolo y luego recibiéndolo.

Funciona aprovechando el poder del pensamiento positivo cuando te enfocas en lo que quieres crear en tu vida en lugar de lo que te detiene, crea una energía poderosa que ayude a generar un cambio positivo al visualizar lo que quieres y al tomar medidas para lograrlo puedes crear una realidad que refleje tus deseos. Es una herramienta poderosa para crear la vida que deseas; al tomarte el tiempo para imaginar claramente lo que quieres y trabajar activamente para lograrlo puedes manifestar tus sueños y hacerlos realidad con dedicación, enfoque y perseverancia, para usar la visualización y crear una vida que refleje tus deseos más profundos debes tener claro a grupo de personas perteneces...

EXISTEN DOS GRUPOS DE PERSONAS:

El denominador común que son quienes se dan por vencidos sin siquiera intentarlo, a pesar de tener todas las oportunidades para cambiar su realidad, inconscientemente creen que no pueden vivir la vida de sus sueños, la ven como inalcanzable e incluso cierran completamente la posibilidad de intentar alcanzar lo que merecen. Luego están los que son minoría y saben lo que quieren, descubren cómo conseguirlo y crean un plan de acción que ejecutan paso a paso con determinación.

¿CUÁL ES LA DIFERENCIA ENTRE ESTOS GRUPOS?

Al primer grupo su pasado lo domina, haciéndolo actuar sin control alguno, están casados con su identidad pasada que les imposibilita avanzar. Se limitan al soñar y desvanecen la posibilidad de cambiar lo que llaman su realidad, esa que «les ha tocado».

Esta es la respuesta más cómoda, esa que te impide avanzar y evolucionar. Que sea difícil no significa que tus sueños sean imposibles de lograr, siempre tendrás que esforzarte y conquistar lo que deseas, de esto se trata la vida.

> Las oportunidades se toman por más miedo que causen.

El otro grupo tiene control de su momento presente, haciendo esfuerzos conscientes para lograr sus objetivos, incluso cuando su pasado, intenta detenerlos. Estos están casados la identidad de su «yo futuro».

¿Cómo cambiar tu mentalidad para atraer lo que te conviene?

Debes ser un espejo, tus pensamientos atraen lo que quieres ser, si te identificas con el éxito, eso cosecharás. Si tus pensamientos están enfocados en la incertidumbre, la procrastinación y el miedo, ¿Qué esperas recibir? Tus pensamientos actuales están creando tu futuro. Aquello en lo que más piensas o te enfocas es lo que se manifestará en tu vida.

El universo mismo es el mejor ejemplo de espejo que podemos tener. Recibe y acepta incondicionalmente nuestras acciones, pensamientos y nos envía un reflejo de nuestra propia energía en forma de diversas situaciones que van apareciendo en nuestras vidas.

Para comenzar a crear la vida adecuada es importante que actúes como si eso que tanto quieres ya lo tuvieras, al enfocar tus pensamientos y emociones en lo que deseas atraer puedes moldear tu realidad y convertir tus sueños en metas tangibles, recuerda que la manifestación consciente no se trata solo de visualizar lo que deseas sino también de tomar medidas concretas y estar abierto a las oportunidades que se presentan; además es importante mantener una actitud positiva en todo momento y confiar en el proceso, así que si estás dispuesto a hacer el trabajo interno y aplicar estos principios en tu vida diaria estarás en el camino hacia una vida más satisfactoria.

Mejorar en el camino es mejor que la perfección retrasada.

Debes de tener claro que es lo que quieres, esto significa ser específico sobre tus objetivos y crear una imagen mental del resultado deseado, cuando visualizas tus deseos activas la ley de la atracción.

Es importante tener en cuenta que la manifestación no es magia, ni tampoco significa que conseguirás todo lo que deseas ampliamente por desear un cambio, se trata de un proceso activo y continuo que requiere esfuerzo y dedicación consciente.

Todos quieren un premio, pero nadie ama el proceso para obtenerlo. Todos quieren ser campeones, pero nadie está dispuesto a hacer el trabajo necesario para llegar a serlo. Todos quieren alzar el trofeo y decir lo logré, pero nadie está dispuesto a trabajar para lograrlo. Ama el proceso, ama la idea de trabajar por lo que quieres. Creo firmemente que no deberías desear más de lo que estás dispuesto a trabajar.

Tus expectativas nunca deben superar tu esfuerzo, si realmente tienes expectativas altas tu esfuerzo debe ser igual, es decir, tiene que haber coherencia entre las metas y las acciones. No puedes pretender tener expectativas altas y trabajar mínimamente, pero mucha gente solo desea y no está dispuesta a esforzarse. Lo bueno de la vida es que tiene una forma divertida de probarnos y ver qué tanto realmente queremos eso que decimos que queremos.

La vida te pondrá cierto nivel de oposición, la vida te golpeará con cierto nivel de adversidad y la vida te va a decir «si dijiste que querías esto Ahora vamos a ver qué tanto es que realmente lo quieres»...

¿Cómo manifestar?

La primera parte del proceso es determinar lo que deseas y creer que puedes lograrlo; a menudo nos limitamos a nosotros mismos con pensamientos negativos y miedos lo que puede impedirnos alcanzar nuestras metas por lo tanto es importante desafiarte y reemplazar tus pensamientos con afirmaciones poderosas que te ayuden a creer en ti mismo y en tus capacidades.

La segunda parte del proceso es tomar acción, si bien creer en ti mismo es importante, no lograrás nada si no te comprometes con el trabajo y el esfuerzo necesario para alcanzar tus objetivos esto significa tomar medidas y hacer todo lo posible para alcanzar tus metas incluso cuando enfrentes obstáculos y desafíos.

Si crees en ti mismo y trabajas duro puedes lograr todo lo que te propongas y lo más importante es no te rendirte; el camino hacia lo que realmente quieres, puede ser difícil y desafiante, pero todo el esfuerzo al final valdrá la pena.

Pasos para poner en práctica la manifestación

Empieza a atraer lo que mereces desde hoy, manifestar el éxito es una herramienta poderosa que puede ayudarte a traer lo que te mereces, es un proceso simple que requiere que te concentres en las cosas que quieres en la vida y tomes medidas prácticas para lograrlas:

1. Actúa dando pequeños pasos cada día para alcanzar tu meta.
2. Establece tu intención y visualiza que es lo que quieres manifestar.
3. Practica ejercicios de manifestación como la meditación para mantenerte enfocado en tu objetivo.

Con estos pasos estarás un poco más encaminado para manifestar las historias de éxito de todos tus sueños, empieza a manifestar lo que te conviene hoy y transforma tu vida; manifestar tus deseos y sueños no es un concepto nuevo, se trata de tomar el control de tu vida y creer en ti mismo; hoy puedes transformar tu vida en algo mejor y tomar el control de tu destino con la mentalidad y la

Permítete desconectar, ponerte en modo avión para poder despegar de nuevo.

determinación correcta todo es posible; empieza a manifestar lo que te conviene hoy para empezar a vivir la vida que siempre has querido.

¿Estás listo?

Acompáñame a seguir en este viaje de descubrimiento y transformación.

Te invito a tomar acción en tus sueños, no hay mejor momento que ahora para comenzar a trabajar en lo que realmente quieres y empezar a creer en ti mismo, recuerda que tú tienes el poder de crear toda tu realidad.

Te dejo este test para que te autoevalúes y puedas identificar si eres adicto al éxito.

Autoevaluación

	SÍ	NO
¿Tu propósito es el logro?		
¿Tus expectativas son más altas que las del promedio?		
Te preguntas, ¿qué más habrá en la vida?, ¿qué sigue después de haber logrado una meta?		
¿Mides tu valor a través de tus logros?		
¿No te sientes realizado, aunque estás en lo alto de tu vida?		

Si estas cinco preguntas fueron respondidas de forma afirmativa, entonces somos ¡Adictos al éxito! No te sientas mal por ser diferente al resto, no lo trates de cambiar; eso es lo que te distingue de los demás, es tu valor, acéptalo, respétalo y crece.

Si tus respuestas o las mayorías de ellas fueron contestadas de manera negativa, no te preocupes, pues, te dejo aquí cuatro maneras de convertirte en un adicto… ¡Claro al éxito!

1. Permanece en constante movimiento: un objeto tiende a permanecer en movimiento a menos que una fuerza lo detenga. El paso más difícil en la vida suele ser el primero que se da para salir de la parálisis. Si puedes hacer el esfuerzo de poner tu vida en movimiento, tenderás a permanecer así. Es la primera ley de Newton, aplícala.

2. Aprende de los que te rodean: somos la suma de las personas con la que pasamos más tiempo. Los individuos que comparten una adicción suelen pasar mucho tiempo en común, y eso aplica también para la dependencia al éxito. Los mejores atletas, líderes y personalidades suelen moverse en los mismos círculos sociales porque son comunidades donde se sienten a gusto. Cuando decides rodearte de personas que tienen estándares altos y hábitos positivos, te «bañas» de su influjo.

3. Se una bola de nieve: que baja por la montaña hasta convertirse en avalancha. Lo que quiero decir de forma específica es que se puede empezar con éxitos pequeños para después ir creando algo más grande y mejor.

4. Habla de tus logros: cuando te tomas el tiempo de verbalizar tus triunfos, como individuo te haces más adicto a la sensación que llega con el éxito. Suena un poco obvio, pero se siente bien sentirse bien. Cuando empieces a experimentar las primeras sensaciones de triunfo, disfrútalas. Tómate un momento para contemplarlas, para escribir sobre qué es lo que se siente tan bien de este logro en

particular. Tendemos a alcanzar los objetivos de los que hablamos y pensamos, así que debes asegurarte de que tu vocabulario sea positivo y dirigido al éxito.

No puedo ni pretendo darte un mapa o un cronograma de qué hacer o cómo lograrlo, si eso es lo que aquí buscas, te recomiendo cerrar este libro porque no lo encontrarás. Lo que sí puedo hacer es motivarte a que aspires a más, a mucho más. Te dejo estos ejercicios que te servirán para plantearte los objetivos que te ayudarán a alcanzar tus metas.

Toma en cuenta las siguientes acciones, estas te ayudarán moldear tus objetivos con tu realidad y hacerlos tangibles:

- Primero, escribe tus objetivos y desglósalo en tareas realizables.
- Segundo, pasa todas estas tareas a la agenda con una fecha.
- Tercero, revisa tus objetivos cada semana.

Para que estos objetivos se vuelvan realidad necesitarás tres actitudes: un nivel de compromiso absoluto, disciplina, autoexigencia y, además:

Cambiar tu forma de pensar: Si quieres una vida distinta, piensa diferente.

Practicar el SPC (solo personas de calidad).

—Alguien que sea duro contigo, pero sincero.

—Alguien que te impulse a mejorar todos los días.

—Alguien que esté contigo en las buenas y malas.

—Alguien que te pueda enseñar cosas nuevas.

Cuidar tus habilidades de comunicación y expresión: Cuando te expresas le dices al mundo quién eres.

Clarificar tus objetivos: debes tener una idea clara de lo que deseas lograr, dedica tiempo a reflexionar y pensar sobre lo que realmente deseas y asegúrate de que tus objetivos sean específicos.

Visualizar tus objetivos: como si ya los hubieras logrado, siéntete emocionalmente conectado a ellos y experimenta las emociones que tendrías si realmente ya los hubiese logrado, esto puede ayudarte a buscar las circunstancias y las oportunidades que necesites.

Eliminar creencias limitantes: pueden obstaculizar tu capacidad para manifestar tus objetivos; identifica las creencias que te están frenando y trabaja de verdad en cambiarlas por pensamientos más positivos y en ponderadores en todos los sentidos.

Tomar medidas correctas: la manifestación no es solo una cuestión de pensamiento positivo, también debes tomar medidas concretas para lograr todos tus objetivos; identifica las acciones que debes tomar y comienza a dar pasos concretos hacia tus objetivos y anhelos más profundos.

Mantener una mentalidad positiva: no te desanimes ante los problemas y obstáculos, sino que utiliza estas situaciones como grandes oportunidades para realmente aprender y crecer en todos los sentidos, mantén tu energía realmente enfocada en la posibilidad y la realización de tus objetivos recuerda que la manifestación no sucede de la noche a la mañana y que puede requerir realmente paciencia y perseverancia, pero si te mantienes enfocado en tus objetivos y trabajas diligentemente hacia ellos puedes manifestar todo lo que quieras y deseas en la vida.

Traza tus objetivos reales

Toma un bolígrafo y anota cinco cosas que quieres ser, cinco cosas que quieres hacer, cinco cosas que quieres tener, cinco lugares que quieres visitar, cinco acontecimientos que cambiarían tu vida. En definitiva, escribe lo que pides para tus próximos cinco años.

CINCO COSAS QUE QUIERES SER:

____

____

____

____

____

CINCO COSAS QUE QUIERES HACER:

____

____

____

____

____

CINCO COSAS QUE QUIERES TENER:

____

____

____

____

____

CINCO LUGARES QUE QUIERES VISITAR:

____

____

____

____

____

CINCO PROYECTOS QUE CAMBIARÁN TU VIDA:

____

____

____

____

____

¿Cómo plantearte una meta clara y concreta?

Plantearse una meta de forma clara y concreta ayuda a tener éxito porque nos permite identificar lo que queremos conseguir. La meta que nos propongamos ha de reunir una serie de requisitos:

PRIMER PASO

La meta deber ser: Sincera, algo que quieras hacer y desees alcanzar. Realista, que sea posible de conseguirla en un plazo corto de tiempo. Personal, no debe ser algo impuesto ni emulado por la simple razón de que todos lo hacen. Divisible, que puedas determinar los pasos o cosas que debes hacer para conseguirla. Medible, que puedas comprobar lo que has logrado y lo que te falta por alcanzarla.

Muchos nudos se desatan orando.

SEGUNDO PASO

Establecer las tareas que se deben realizar para lograrla. Una vez que hayas concretado la meta que deseas alcanzar, piensa qué tendrás que hacer para conseguirla. No todo se alcanza en un día, para conseguir mejorar en cualquier aspecto que te propongas has de hacer pequeños esfuerzos.

TERCER PASO

Organizar las tareas en el orden en las que habría que realizarlas. Si intentas llevar a cabo todas las tareas al mismo tiempo es muy probable que no se consiga nada. Para lograr una meta es imprescindible que se ordenen las tareas que se deben ejecutar y se establezca un plan de trabajo.

CUARTO PASO

Ejecutar las tareas de acuerdo con el plan proyectado y evaluar los logros que se vayan consiguiendo. Una vez elaborado el proyecto personal, habría que comprometerse con él y ponerlo en práctica. Para llegar a conseguirlo es importante ir evaluando los esfuerzos realizados.

Tus roles

Un rol no es más que el papel que juegas en cada área de tu vida. El propósito que tiene este ejercicio es que logres identificar de una manera consciente los cinco principales roles a los que en la actualidad dedicas la mayor parte de tu tiempo, sin importar el área.

Ahora enuméralos del 1 al 5, teniendo en cuenta que el 1 es al que más tiempo le dedicas y el 5 al que menos.

1. ____

2. ____

3. _______________________________

4. _______________________________

5. _______________________________

¿YA LOS TIENES IDENTIFICADOS?

¿Existe un equilibrio entre tus principales roles y las metas que estás persiguiendo en este momento, o crees que deberías dedicar más tiempo y atención a algunos de estos roles en el futuro? ¿Existen roles que para ti son importantes y que estás desatendiendo? ¿Estás satisfecho con esta imagen de tu vida? ¿Te gustaría que el próximo año (y los años venideros) esta lista fuera diferente? Entonces, ¿en qué orden debería estar la lista de roles el próximo año? ¿Cómo te sentirías satisfecho? ¿Qué lograrías si decidieras creer en ti mismo y en los dones que posees? ¿Hasta dónde podrías llegar si solo confiaras en las capacidades que te diferencian de los demás? Vuelve a redefinir el tiempo que inviertes en tus principales roles.

PARA CUALQUIER META U OBJETIVO QUE QUIERAS DESEES LOGRAR, PREGÚNTATE:

¿Qué estoy haciendo para obtener los objetivos que quiero? ¿Cuáles son los hábitos que tengo en mi día a día? ¿Cómo y en qué distribuyo las 24 horas del día que todos tenemos? ¿A qué dedico mi tiempo libre?

Nada
de imposible,
solo no lo has
intentado lo suficiente

CAPITULO III

La vida

La vida es ahora.
Es no dejar nada para después.
Es reír, llorar, sanar, crear y reconstruir.
Es sentir, soñar, decir, demostrar y confiar.
Es coincidir, conectar, empatizar y compartir.
Es abrazar, mirar, besar, disfrutar, cuidar y querer,
pero, por encima de todo, la vida es vivir; así que hazlo ya
y siempre.

La vida es una sucesión constante de cambios, opciones, caminos, decisiones… y no tienes que temer a ninguno de ellos, aunque a veces pueda parecer negativo al principio, nunca sabes cómo va a cambiar tu vida o a dónde va a llevarte. Sigue tus sueños, ellos saben el camino. Todos tenemos que aprender a aceptar los cambios porque son la esencia de la vida.

Está llena de desafíos y obstáculos, pero cada vez que superas uno de ellos, te vuelves más fuerte y más sabio. Nunca te rindas ante las adversidades, porque detrás de cada problema hay una oportunidad para crecer y aprender. Mantén siempre la esperanza y la determinación en tu corazón, y sigue adelante con valentía y confianza en ti mismo. Recuerda que tienes el poder de crear la vida que deseas, así que sigue tus sueños y hazlos realidad. ¡Tú puedes hacerlo!

La vida nos enseña que siempre hay que volar alto, donde algunas palabras no puedan ofendernos, donde algunos gestos no puedan herirnos, donde algunas personas nunca puedan llegar. Siempre más alto que la envidia, que el dolor, la maldad, más alto que las lágrimas.

En la vida se tiene que mirar en cinco direcciones: Adelante, para saber a dónde vamos. Atrás, para no olvidar de dónde venimos. Arriba, para tener presente que siempre hay alguien que nos cuida y protege. Abajo, para no pisar a nadie. A los costados, para ver quién nos apoya en los momentos difíciles.

Lucha por eso que te llena el alma, la vida no es fácil, lo sé, pero son precisamente esos momentos difíciles los que te obligan a sacar la fuerza que llevas dentro es la única forma que tienes para generar experiencia y forjar el ser humano que quieres ser, todo tiene su propósito y a pesar de los golpes de la vida y lo mal que te puedas sentir todo te está enseñando algo.

Aprovecha cada suspiro, cada risa, cada lágrima, cada minuto que te brinda la vida; lucha por lo que deseas y no permitas que nada ni nadie te detenga, recuerda que eres capaz de lograr todo lo que te propongas, pero eso sí mantienes tu enfoque y perseverancia, es tu momento para brillar, sigue adelante a pesar de todo, de todos los golpes, de las injusticias y la falta de comprensión porque la diferencia no se hace de afuera hacia adentro, la tienes que crear tú desde las entrañas, para que te vaya mejor en la vida el cambio debes de ser tú, aunque en este momento sientas que el camino es difícil y que los obstáculos son insuperables, sé que tienes la fuerza necesaria para vencer cualquier desafío.

No solo se trata de alcanzar tus metas sino de demostrarte a ti mismo de que estas hecho, de que eres capaz, cada esfuerzo que haces, cada paso que das, cada pequeña victoria que logras por insignificante que les parezca a otros lo importante es que sabes que eso te acerca más a la persona que quieres ser y a la vida que deseas vivir, no dejes que te detengan porque sé que dentro de unos años podrás mirar hacia atrás y estarás orgulloso de haber dado todo lo que tenías.

Cada paso, cada peldaño que subas y cada bocanada de aire que tomes; déjame decirte que no será en vano porque cada pequeño esfuerzo que hagas hoy se sumará a los grandes logros que alcanzarás mañana. No importa cuán pequeño sea el progreso que estás haciendo, lo importante es que siempre estés avanzando hacia adelante, cada obstáculo que superes, cada desafío que enfrentes te llevará a un paso más cerca de tus metas así que nunca apartes la vista del camino. Aquello en que los demás no creen porque les parece inseguro, por ese miedo a lo desconocido, la realidad es que son sus límites; no los tuyos, así que continua en tu camino hasta que tus miedos te tengan miedo.

A veces nos cuesta aceptar que no saldremos vivos de la vida, sé que esto puede sonar deprimente, pero tener esto presente en realidad es una poderosa herramienta de motivación que te ayudará a aprovechar cada instante.

El hecho de que la vida sea finita nos recuerda que no hay tiempo para perder, cada día cada hora, cada minuto cuenta, no podemos darnos el lujo de dejar pasar nuestros sueños, de dejar al aire nuestras metas, de esperar que otros nos digan qué somos capaces de hacer, que venga otro y descubra nuestros talentos cuando nosotros mismos tenemos miedo de mostrarlo, ya basta de posponer lo que realmente importa, basta de dejar para mañana las cosas importantes porque no sabemos cuántos mañanas tendremos.

Tú, al igual que yo y todas las personas de este mundo, tenemos las horas contadas, solo que la gran mayoría se hace consciente de ello cuando queda poco tiempo disponible. Además, ¿no crees que sería bastante presuntuoso asegurar que tenemos toda una vida por delante?

El mañana es pasado y el futuro es ahora; es tiempo de brillar, de brillar tanto que, en lugar de opacar, ilumines la vida de todos lo que te rodean.

En la vida solo alcanza el triunfo aquel que está dispuesto a tomar riesgos de enfrentar desafíos, a trabajar duro, el que a pesar de las circunstancias nunca se aparta de sus objetivos; yo sé que tienes una meta que quieres alcanzar entonces dime

¿qué es lo que te frena? No me digas que son los problemas o que hay muchos obstáculos porque te estoy diciendo que de eso se trata la vida, la vida es una montaña rusa llena de altibajos tiene momentos de felicidad que tú tendrás que buscar y momentos de dolores amargos que llegarán solos, a veces puedes estar pasando momentos agradables y al abrir y cerrar los ojos pueden pasar cosas que te harán sentirte como si estuvieras siendo desgarrado en mil pedazos, pero esta la segunda situación es donde se pone a prueba tu verdadera fortaleza y es cuando descubres en qué realmente es que estás hecho.

Nada dura para siempre

En ocasiones la vida te pone pruebas porque algo tienes que aprender de ella, no te vas a quedar ahí, lo que estás viviendo pasará, en los momentos en los que sientas que no puedes más, recuerda todas las veces que te sentías igual a esta ocasión y lograste salir adelante, siempre eres más fuerte de lo que crees, ya vendrán momentos mejores, así que confía, que nada dura para siempre.

Todo lo que estás viviendo te está enseñando algo, puede que no sea el capítulo más bonito, pero es solo un capítulo, recuerda que todo lo que estás sintiendo es válido, es parte de tu proceso, así que no te juzgues, sé amable contigo, valora cada uno de los pasos que das, sé paciente, permítete llorar si lo necesitas, ve un paso a la vez, un día a la vez, volverás a estar bien, volverás a sonreír, volverás a brillar.

Mejorar en el camino es mejor que la perfección retrasada.

Las estaciones son siempre temporales, la clave de la vida es sobrevivir a la temporada, si te mantienes caliente el tiempo suficiente podrás llegar al verano, hay que cerrar un capítulo para abrir un capítulo mejor.

En los momentos difíciles es cuando se pone a prueba nuestra fortaleza, debes de tener presente que tu vida es mucho más que cualquier problema que puedas enfrentar en este momento si sientes que todo se ha acabado y te encuentras cabizbajo debes recordar que ahora en este preciso momento tienes el poder de cambiar tu perspectiva y tu enfoque, no te quedes sentado pensando en lo mal que están las cosas ahora, sino lo que puedes hacer en este instante para mejorarlo, no importa lo pequeño o insignificante que pueda parecer, la acción para todo lo positivo cuenta, levántate y muévete cambia tu energía debes de cambiar la perspectiva, si te esfuerzas por estar en un estado superior mental, emocional y físico comenzarás a ver las cosas de manera diferente en esos momentos de claridad te darás cuenta de que eres un milagro y que tienes el potencial de hacer cosas maravillosas en tu vida.

No permitas que las adversidades te detengan así que cuando salgas por esa puerta sal con tu frente en alto sonríele a la vida, esta es una nueva oportunidad, se tuvieron que dar millones y millones de circunstancias para que estuviéramos aquí en este punto y esto hay que aprovéchalo sin importar lo que hagan o lo que digan los demás, cada quien vive su vida como le plazca, lo que no debes de dejar nunca es que las opiniones o las

> El costo de equivocarte es menor al costo de no hacer nada.

críticas de los demás ni siquiera tus propios fracasos te quiten la gana de evolucionar, sino todo lo contrario que sea el motor; porque sin obstáculos, sin peldaños que escalar, sin bocas que callar y sin fracasos nunca existiera el éxito.

Cada fracaso es una oportunidad para aprender, para mejorar y encontrar nuevas soluciones; por eso en lugar de temer al fracaso debes de abrazarlo y verlo como lo que es: una parte fundamental del camino del éxito.

Vivimos en un mundo donde la seguridad y la comodidad son valoradas por encima de todo, el problema es que aquellos que sí están dispuestos a asumir riesgos y buscar la excelencia son vistos como raros, son las ovejas negras, los locos de la familia porque, la realidad es que la mayoría de las personas prefiere aferrarse a lo conocido y tratar de ir a lo seguro incluso, si eso significa conformarse con una vida mediocre, pero los verdaderos innovadores aquellos que persiguen sus sueños con pasión y determinación son los que realmente cambian el mundo, aunque a menudo enfrenten críticas y oposiciones.

No temas en arriesgarte, no temas a fracasar, no temas a caerte ni siquiera temas a ser rechazado a lo que debes de tener miedo realmente es a no intentarlo, al quedarte sentado ocupando un papel secundario cuando tú debes de ser el protagonista de tu película. El fracaso es lo único que nos puede llevar a aprender a mejorar, a alcanzar el éxito, a expandir tus horizontes, a tener nuevas ideas, a crear, a desarrollar, a explotar nuestros conocimientos.

El mundo real

El mundo real tiene una tendencia de ofrecernos no lo que queremos sino lo que esperamos que suceda: si tú esperas que no te vayan bien aunque aparentemente quieras que te vayan bien, no te irán bien, espera que te vayan bien, pero la palabra esperar tiene que ver con paciencia que es adaptarse al ritmo natural de las cosas; cuando tú esperas como los que saben que van a encontrar, te mueves de otra manera, con otra dinámica, con otra energía cuesta mucho salir de la zona de confort porque la mente es poderosa y nos hace pensar que fuera la zona de confort que hay muerte ¡mentira! hay vida, todo crecimiento está fuera de la zona de confort.

Si tu sueño no es lo suficientemente grande como para que te dé miedo, ese sueño no es de tu altura, tienes que darle la oportunidad al universo de que actúe y para eso tu sueño tiene que ser lo suficientemente grande como para que te dé miedo; no estoy hablando de insensatez, te hablo de confianza.

Has lo que puedas con lo que tienes, donde estas y empezarás a observar cambios muy profundos, inesperados y sorprendentes en tu vida, la convicción tiene que ir seguido de un entrenamiento porque si no entrenas nada saldrá bien.

El gran problema es que la gente cree que no deberían tener problemas, los problemas son el combustible del crecimiento, si no los tienes o eres un mentiroso o los estás llamando retos, lo entiendo si te sientes mejor, quien diga que no tiene problemas o está dormido al volante o no tiene vida para la realización; realizarse es vivir para lo que fuiste hecho; a mí me gusta ganar y ser el mejor en lo que hago, así que no voy a conformarme con menos ¿por qué lo haría? A ver a Michael Jordan o LeBron puedes pensar que son tipos de personas con suerte, pero si miras con cuidado verás que están trabajando, que están practicando en privado lo que luego hacen bien en público y por eso son recompensados, tenemos que ser iguales; para ser grande la primera habilidad que debemos de dominar es la capacidad de reconocer patrones, cuando la humanidad entendió el patrón de las estaciones el mundo cambió, porque pasamos de ser cazadores, recolectores, tratando de sobrevivir, yendo de un lugar a otro expuestos a todo; a detenernos y comprender: plantamos en primavera, protegemos en verano, cosechamos en otoño y vivimos de eso durante todo el invierno. Eso creó por primera vez comunidades, ciudades, estados y países; eso cambió el mundo y lo que cambiará la vida de una persona es darse cuenta de que en su vida también tiene estaciones.

Sueña bonito y levántate a cumplirlo.

Si has llegado hasta aquí, supongo que mis palabras te han resonado, así que no olvides cuando dudes si vas a poder con algo, piensa:

¿Realmente quiero hacerlo?

¿Qué es lo peor que puede ocurrir?

¿Que no lo consiga?

¿Que me equivoque?

De nada se aprende tanto como de una caída.

Te vas a querer rendir, vas a dudar de ti y te intentará dominar el miedo, pero llegará el día en el que vas a tener que decidir entre si dejarte vencer y aceptar una vida simple o tomar acción hacia la vida que sueñas. Puedes aplazarlo o no. Y si sigues leyendo es porque sabes que mereces una vida plena, una en la que no te limites, una que te haga sentir pasión y alegría, una en la cual cuando llegues a tu último día te haga decir, lo hice.

Tus miedos **no** deben pesar más que tus **sueños**

CAPÍTULO IV

Afirmaciones

Al usar afirmaciones para el éxito podemos comenzar a reprogramar nuestra mente con pensamientos y creencias positivas sobre nosotros mismos y el mundo que nos rodea, esto nos ayuda a manifestar lo que queremos en la vida al crear un ambiente donde todo es posible. A continuación, encontrarás una serie de afirmaciones que empleo para programarme. A partir de estas puedes crear las tuyas. Cada párrafo está diseñado para enseñarte a que así debes de hablarte, recuerda que cada célula de tu cuerpo está escuchando a escondidas tu diálogo interno.

En este sentido, las afirmaciones son una herramienta poderosa para el crecimiento y el éxito personal. Estas afirmaciones nos ayudan a expresar lo que queremos de la vida y tienen el poder de crear un cambio duradero.

Quiero que comprendas que, al reflexionar sobre nuestros valores fundamentales, fortalezas y éxitos, podemos aumentar nuestra autoestima y crear un diálogo interno que enfatice la positividad, este proceso nos permite vernos bajo una luz más positiva para que podamos avanzar con claridad y propósito.

Las afirmaciones las utilizo para reforzar mis creencias y actitudes positivas. Cuando repites afirmaciones positivas, estas enviando un mensaje claro a tu mente subconsciente de qué crees en tu capacidad para manifestar tus deseos.

¿Cómo crear afirmaciones efectivas?

Para crear afirmaciones eficaces es importante utilizar un lenguaje positivo y centrarse en lo que se desea en lugar de lo que no. Por ejemplo, en lugar de decir: «No quiero estar arruinado», podrías expresar: «Soy merecedor de abundancia financiera y prosperidad ilimitada en mi vida».

Todo lo que se manifiesta como algo real en tu vida se hará realidad, todo lo que asumas como verdad será verdad para ti; en otras palabras, tus creencias y actitudes crean tu realidad, así que si quieres manifestar de manera eficaz tus deseos, asume que ya son tuyos, esto significa: creer en tu capacidad para alcanzar tus objetivos y actuar como si ya los hubieras conseguido.

Otro ejemplo, si quieres manifestar un nuevo empleo comienza a actuar como si ya lo tuvieras, esto podría significar vestir de forma profesional o establecer contactos con personas del sector deseado.

COMENCEMOS:

Yo controlo mis pensamientos y sus direcciones, hoy me permito tener más de lo que jamás imaginé. Cuanto más me amo, más permito que otras personas me amen. Soy un imán para la prosperidad, la felicidad y la abundancia. En mi cuerpo, mente y alma reside una fuente infinita de placer, paz y gratitud. Aquí y ahora decido valorar mi fuerza, mi tenacidad y mi forma única de ser.

Creo en mi voz interior, ella me guía por un camino de abundancia. Cuanto más me conozco, más claro tengo el propósito de mi vida; sigo mi corazón y me acerco a mi destino. He encontrado mi lugar en este mundo y me siento bien por ello. Yo confío en mi camino, en mi intuición y en mis elecciones porque nadie sabe lo que necesito mejor que yo.

Me merezco a gente buena y de calidad alrededor mío, me merezco gente que venga a mi vida impulsarme y hacerme mejor de lo que ya soy. Todo está bien aquí y ahora. Acepto amarme a mí como soy, estoy sano, tengo energía y soy optimista. Me rodeo de abundancia; confirmo que la abundancia material es una consecuencia de mi abundancia interna.

Yo soy libre de elegir, añadir o quitar de mi vida aquello que desee; fluyo con felicidad, alegría y satisfacción. Mi cuerpo está relajado, mi mente permanece en calma, mi alma está en paz.

Puedo conseguir cualquier cosa que desee, nutro mi corazón con fuerza y le devuelvo el apoyo, la alianza y el amor que necesita para brillar y seguir sanando. Soy una de las personas más productivas de este planeta, no puedo parar de tomar acción y cada día soy más productivo, pues no me detengo hasta que no terminó el trabajo que tengo programado. Soy eficiente para

Permítete estar triste e incluso llorar. Desahógate. Hazlo las veces que haga falta.

conseguir mis metas y lo hago con paz y serenidad; por eso, mi éxito es inevitable. Tengo un instinto natural para cumplir objetivos uno detrás de otro y sin cesar, doy gracias por esa capacidad que se me ha dado. Yo mismo hago de mi propósito mi fuente de vida.

Merezco las metas que me he propuesto conseguir, las recibo con los brazos abiertos y tomo acción constante cada día para que así sea, sé que voy a conseguir la grandeza. Por la noche mi cuerpo se recarga de energía, por la mañana amanezco pleno y con más fuerza que nunca. Cada noche siento cómo mis metas se reorganizan en mi cabeza, mi cuerpo y mis pensamientos se programan para dirigirme de forma imparable a cumplir mis objetivos. Cada célula de mi cuerpo vibra en consonancia conmigo y con mis deseos. Todo pasa por una sola razón, sustituyo la rabia por el amor, no reacciono ante lo negativo, elijo transformarlo en positivo y en progreso para mí.

Soy inmune a críticas, tengo el control sobre mí mismo y mis emociones para decidir siempre por mí, así como las mejores decisiones y tengo un instinto desarrollado que me empuja siempre a decidir de forma correcta. Soy creativo y me vienen siempre ideas brillantes. Yo tengo el poder para desbloquear los códigos internos de abundancia. No hay camino correcto o incorrecto, todo es como tiene que ser y cuándo tiene que ser, es la historia de mi vida y puedo transformarla con giro de trama cuando yo quiera. Yo construyo mis relaciones de una forma amorosa, armoniosa, madura y comprometida.

Mi poder se enciende cuando siento, conozco y encarno mi propio mundo interior; cualquier cosa que necesito saber se revela ante mí en el momento oportuno, no existe el azar, solo existe una serie de disparadores de crecimiento. Lo importante es mi reacción a la prueba de experiencia de vida y yo controlo esa reacción. Creo las condiciones perfectas para mi vida, me focalizo en mi propio bien, soy valiente y venzo mis miedos enfrentándome a ellos.

Estoy en paz con mi pasado, irradio paz, amor, grandeza y al mismo tiempo humildad, y manifiesto mis ganas constantes de aprender y mejorar. Estoy en el camino hacia mi mejor versión, disculpo todas las vibraciones negativas. Ahora estoy por completo alineado con una frecuencia positiva que solo trae grandes cosas a mi vida, no siento interés por criticar o quejarme, soy tolerante y tengo una elevada capacidad para comprender a las personas.

Confío en la voz de mi interior que me guía, me siento agradecido por las maravillas que hay en mi vida, valoro hasta lo más mínimo y eso me hace atraer hasta lo más grande. Encuentro un camino cuando las demás personas me dicen que no lo hay, confío en mi intuición y en mi inteligencia. Cada noche me conecto en profundidad con mi propósito y mi esencia. Confío en mí, soy una persona única en este mundo.

Confío en mi sabiduría interna y en mi intuición, respeto mi dignidad y a mí mismo, sé que puedo conseguir grandes cosas porque confío en mi intuición, utilizo mi tiempo presente, no mi futuro. Soy consciente, respetuoso; estoy aprendiendo cada día, se me da bien trabajar en equipo, soy un estudiante de la vida, aprendo sus secretos y los aplicó.

Siento calma al respirar, me siento libre, dejo huir nervios e incertidumbres; cada respiración me da libertad y certeza. Soy mi más fiel aliado, me tengo a mi lado siempre, me apoyo y me impulso yo mismo. Creo en lo que digo, por ello, cosas increíbles se despliegan ante mí, la vida me ofrece sus maravillas y yo las recibo agradecido y con alegría. Elijo transformar la rabia en paz, me disculpo con aquellos que fueron afectados por mi rabia.

Soy una gema que brilla; soy más silencioso y menos ruidoso; más consciente y menos caótico. Tengo todo lo que necesito para conseguir lo que quiero. Rechazo rendirme porque no he probado todas las opciones posibles; sé que mi conocimiento y mi templanza me llevarán a tomar las decisiones correctas.

Soy perfecto de la forma en que soy, mido aquello que quiero y el universo me lo trae; sé todo lo que valgo y todo lo que me merezco me llega; tengo un tesoro dentro de mi ser que aflora cada día para hacerme mejor a mí mismo y a los que me rodean.

Tengo un don, un poder divino dentro de mí que sirve para inspirar y ayudar al resto de las personas. Tengo pensamientos de amor hacia mí mismo. Recibo todas las opiniones con tranquilidad y amabilidad, pero soy yo quien siempre toma la decisión final.

Las personas que me quieren lo hacen por lo que soy yo como persona; por eso, eligen ver mi mejor parte y la valoran; su amor es puro y lleno de bondad. Tengo todo lo que necesito para triunfar, estoy motivado y soy poderoso. Mi comportamiento está alineado con el estado de mi mente.

Todo lo que hago me impulsa a cumplir mis metas, estoy sano, bailo la vida a mi ritmo y con mi música, no pasa nada si los demás no me entienden, estoy a gusto conmigo mismo y eso es suficiente, estoy cómodo hablando conmigo mismo en el espejo, me siento bien con mi presencia.

Amo mi vida y la oportunidad que se me ha dado para vivir, amo mi vida y la oportunidad que se me ha dado para elevarme cada día a un nuevo nivel. Me rodeo de gente que me trata bien, me tomo el tiempo para demostrarles a mis amigos lo mucho que me importan, estoy a gusto con mis amigos, aunque no estemos de acuerdo o vivamos vidas diferentes.

Me encanta saber que cada persona nueva que conozco puede ser alguien increíble, alguien que me inspire. La compañía de otras personas me hace conocerme mejor a mí mismo. Hago cosas que disfruto y me llenan, siento agradecimiento por toda la emoción y el amor que me rodea, pero nada ni nadie puede igualar mi propia compañía, mi propia risa interior y el éxtasis de disfrutar siendo yo mismo; estoy muy agradecido de sentir la bondad genuina que emana de las personas de mi alrededor, recibo de todos ellos los gestos con gratitud y amor.

Siento curiosidad por seguir aprendiendo, cada día aprecio los detalles que me hacen ver la vida como la mayor oportunidad de todas, me siento cómodo eligiendo el contenido que quiero en mi vida, yo elijo mi entorno, mi entorno son personas que creen en mí, que me valoran; personas que me potencian cada día, pues yo no necesito validación de otros porque yo conecto con el amor, la compasión y la fuerza que tengo dentro.

Es hora de crecer a mi máximo potencial, cada noche se consolida un punto de crecimiento en mí y en todo lo aprendido el día anterior, siento cómo crezco a un nivel de excelencia, esa expansión me hace cada día mejor, más inteligente, más productivo, con más confianza, con mayor control sobre mí y mis emociones.

Tengo control sobre mis pensamientos, los cuales domino y manejo a la perfección para cumplir las

El logro de tus objetivos es una consecuencia inevitable si amas lo que haces y si disfrutas del camino.

mayores metas. Siento que es un honor tener la posibilidad de cumplir las metas que me he propuesto, me siento agradecido con la vida por haberme concedido esta oportunidad; no importa cuándo las logre, no voy a detenerme hasta alcanzarlas.

Cada vez que apuesto por mí y mi propósito de vida, siento cómo atraigo a personas extraordinarias, increíbles que conectan de forma abundante conmigo; cada día siento cómo mi entorno florece con personas llenas de talento que quieren lo mejor para mí, me ayudan a cumplir mis objetivos, y juntos crecemos.

Soy capaz de desarrollar un gran rol en mi propia carrera y en mi vida; estoy atrayendo y creando éxito desde mis pensamientos y desde mis emociones. Mis pensamientos y mis emociones son mis mejores amigos, juntos se alinean para crear la vida que yo elijo vivir, con la que me siento cada vez más cómodo y feliz. Me mantengo flotando en el río del éxito, el éxito fluye hacia mí de forma natural; por ello, lleno mi vida de ilusión y de esperanza, elijo participar en mi día y dejo ir las preocupaciones porque drenan mi energía; en su lugar pongo ilusión y positividad que me llevan a una mejor productividad y a rodearme de personas resolutivas y también positivas. Asimismo, realizo inteligentes cálculos y tomo precisas decisiones para mi futuro.

La organización y determinación de lo que quieras lograr en tu vida será clave para cumplir todas las metas que te traces en el camino.

Contesto preguntas sobre mis sueños sin ponerme a la defensiva; no pasa nada por que expresen su opinión sobre lo que yo hago, yo decido si hago caso o no porque tengo el control sobre mi vida, no soy reactivo a la opinión de los demás sobre mí. Todos mis problemas tienen una solución, pienso en alternativas para solucionar cualquier situación que se me presenta, resuelvo las situaciónes con serenidad y firmeza. Creo en mí y en mi potencial para solucionar cualquier adversidad que la vida me presenta. La respuesta está justo a mi lado, incluso cuando aún no pueda verla.

Soy mejor que ayer, pues cada día mi destino es crecer de forma constante e imparable, doy gracias por ello porque me siento en expansión al igual que el universo. Como estoy en plena conexión con el universo, me siento con el poder de atraer las metas que deseo de manera fácil y rápida, me comparo siempre con mi versión más elevada.

Creo en mí, me encanta que la persona que veo reflejada en el espejo sea la persona que yo he elegido ser, la que estoy construyendo. Yo puedo recuperar mi poder, yo puedo superar mis miedos y rescatar mi mejor versión, yo puedo hacer crecer mi mejor versión hasta límites nuevos. Para mí, mi mejor versión es la responsable sobre mi éxito y yo tengo absoluto control sobre ella, siento cómo cumplo mis metas una detrás de la otra, solo es cuestión de tiempo para conseguir lo que me propongo; permanezco tranquilo e incesante en mi avance, nada me detiene de mis grandes objetivos.

Bendigo todo lo que tengo y lo que vendrá, estoy siempre en el lugar perfecto y oportuno, siempre me ofrecen nuevas oportunidades para el éxito. Mi actitud positiva y receptiva provoca que se me ofrezcan cada vez más oportunidades y me siento agradecido por ello. Cada día me convierto en alguien más exitoso en los ámbitos personal y profesional, así expando mi creencia sobre lo que es posible, ya que no existe imposible para mí, observo cómo cada reto lo superó fácil y atraigo la carrera perfecta para mis talentos.

He dejado el hábito de criticarme y he adoptado el hábito de creer en mi potencial ilimitado, veo la grandeza en todas mis acciones y aprecio cómo me acerco a un nivel absoluto de genialidad; soy humilde, me encanta aprender, disfruto aprendiendo cosas nuevas, en especial algunas que se opongan a lo que siempre creí; el aprendizaje transforma mis pensamientos, soy una esponja para aprender.

Me siento comprometido con mis metas, estoy agradecido por quien soy y por quien llegaré a ser; soy más que suficiente, por eso estoy convencido de que alcanzaré lo que desee, sin importar lo muy elevada que sea la meta, pues soy un alquimista y tengo el poder de transformar hasta experiencias pasadas en oro para mi futuro. En definitiva, soy lo suficientemente poderoso para vivir acorde a mis valores, deseos y verdades.

No le temo a nada, amo los grandes retos y sonrío cuando me encuentro ante uno de ellos. Sé que puedo lograr enormes metas, sé que puedo dar lo mejor de mí cada día y de forma constante, ya que tengo el don de la perseverancia para no detenerme hasta conseguir lo que me he propuesto.

Me rodeo de gente cada vez más potente, soy un imán para la gente con talento, siento cómo crezco cada día, cada noche supone una recarga de energía en mí, cada día lo empiezo como si fuera el primero: lleno de ilusión y energía, y conforme pasan las horas, se incrementan y me elevan hacia nuevos horizontes.

Mis metas son factibles, puedo conseguir cualquier cosa que me proponga, el conocimiento adecuado llega a mí siempre en el momento perfecto.

Brilla

tanto que en vez de opacar,

ILUMINES

CAPITULO V

Positivismo

Enfócate en estar positivo.

No va a ser fácil, no va a ser inmediato.

No siempre vas a tener la disposición de intentarlo, pero si realmente lo quieres, vas a encontrar la manera, vas a tener la paciencia, lo vas a hacer en las buenas y en las malas, y vas a persistir porque sabes que lo puedes conseguir.

Tu mente es capaz de hacer posible lo imposible.

Pensar en positivo no te asegura ganar, pero hacerlo en negativo, casi te garantiza perder. Primero tenemos que creer hacia adentro para después crear hacia afuera. No es ver para creer, es creer para ver, lo tienes que creer primero.

Las personas que creen que se pueden curar frente a una enfermedad lo creen de verdad; por ende, tienen más opciones de salir adelante que las que no lo creen, ya que el sistema inmune es mucho más activo en las personas que creen que tienen una opción.

Cuida la forma en la que te hablas

Cuida tus pensamientos, pues se convertirán en palabras. Cuida tus palabras, pues se convertirán en acciones. Cuida tus acciones, pues se convertirán en hábitos. Cuida tus hábitos, pues se convertirán en lo que eres.

Las palabras tienen poder, tanto sanar como para enfermar, para transformar en positivo como en negativo, por eso tenemos que hablarnos con cordialidad y cariño, más aún en los momentos difíciles. Uno de los más grandes psicólogos que el mundo ha conocido, el norteamericano William James, afirmaba lo siguiente: «Eres tú con tu forma de hablarte cuando te caes el que determina si has caído en un bache o en una tumba».

> Que lo imposible sea tu juguete favorito.

Ahora te pregunto, ¿qué te vas a decir cuándo caigas?, ¿cuándo cometas un error?... ¿Te vas a llamar fracasado/a? o, por el contrario, vas a ser amable contigo y te dirás: «Oye lo he intentado, ¿qué puedo aprender de esto?».

Cuando una persona siente miedo es porque está tocando las barreras, los límites de su zona de confort, y esa precisamente es la llamada para estirarse, esa es la llamada para crecer; toda la magia está fuera de la zona de confort.

En una ocasión, a un piloto norteamericano del Boeing 747 le preguntaron qué sentía al despegar con 400 pasajeros, sin pensarlo respondió: «Miedo».

A lo que el entrevistado repreguntó: «¿Cómo se encuentra usted con miedo?» El piloto contestó: «Que yo tenga miedo no es lo mismo que el miedo me tenga a mí».

El miedo mata más sueños que el fracaso. Para iniciar el camino hacia el dominio de la habilidad del pensamiento positivo es necesario deshacerse de todo rastro de duda y pensamiento negativo lo antes posible. Si sigues dudando de ti, nunca llegarás a nada en la vida, lo más probable es que acabes viviendo una vida mediocre e infeliz.

¿Estás demasiado asustado como para salir de tu zona de confort? ¿Demasiado asustado para afrontar la realidad de que el fracaso es un paso necesario e importante hacia el éxito? Quienes están atrapados en el miedo dudan de sí mismos, de la gente que les rodea, de todo y de todos; estas personas son depresivas, hacen sufrir a quienes le rodean. ¿Te suena esto?, espero que no.

¿Cómo ponerle fin a tu destructiva voz interior?

Te comparto dieciséis maneras con las que puedes comenzar a eliminar la negatividad de tu vida y comenzar a avanzar, te ayudarán para que, además, no permitas que las burlas, las críticas y los juicios de los demás te desanimen, el tiempo se encargará de demostrar que estabas en lo cierto cuando te decidiste a luchar por tus sueños.

No te rindas, recuerda que el éxito es la suma de pequeños pasos dados día tras día hasta arribar a la meta. ¡Tú puedes!

Sí, claro que puedes.

Puedes porque aprendiste a reconstruirte.

Porque tus intenciones son buenas.

Porque sabes sacar lo mejor de ti.

Porque te creas oportunidades.

Porque intentas hacer las cosas bien.

Puedes, pudiste y podrás.

Te lo has demostrado muchas veces.

Puedes hacer de ti mismo cualquier cosa que viva en tu interior, pero para realizar todas tus posibilidades, para dominar y lograr debes tener objetivos ideales y ambiciones altas, todo ello unido a una voluntad de hierro, tú mismo determinas la altura a la que debes subir. Asegúrate el éxito con trabajo, sacrificio, entusiasmo, desinterés y autocontrol; tú eres el dueño de tu propio destino, toma hoy el mando personal de ti mismo. Ten coraje, lucha, aprende a ser un luchador no con puños, ni con palos, ni con espadas sino mediante el noble dominio de las fuerzas que tienes a tu disposición generadas por tu propio cerebro.

1. Deja atrás el pasado: el pasado se ha ido, se ha acabado. Ahora puedes intentar todo lo que quieras, pero nunca podrás dar marcha atrás al reloj; por eso, mira el presente sin dejar que tu pasado te nuble el juicio. Si no consigues avanzar porque el pasado te frena, entonces necesitas replantearte tu vida. Lo que ocurrió en el pasado tiene que quedarse en el pasado, si sigues dejando que te afecte puede que tu futuro no sea el que quieres.

2. Aprende de tus errores: una cosa que la gente quiere evitar a toda costa es el hecho de que los errores ocurren. Puede que tengas el mejor de los planes, pero a veces es inevitable que se produzcan errores grandes o pequeños, pero no pienses que por haber cometido un error en el pasado ya no podrás tener éxito en la misma tarea o proyecto, tienes que dejar de pensar así porque de lo contrario le estarás dando la razón a tu crítico interior.

3. Deja de centrarte en lo que está mal: cada vez que surge un problema la conducta natural es que intentes averiguar qué es lo que se hizo mal; este comportamiento es normal, pues, ¿cómo se pueden solucionar los problemas si no se sabe que los ha causado?, pero obsesionarse con esos errores, sobre todo si eres tú quien los ha provocado, es un error. Si no dejas de reprenderte no podrás avanzar para solucionar el problema, ten un poco de fe en ti mismo y un poco de ánimo positivo para que aumentes tu confianza.

> Tu futuro es una versión exagerada de lo que es hoy.

4. No busques culpables: la primera reacción de una persona negativa ante los problemas es averiguar quién ha cometido un error, por lo que enseguida saldrá a atacar a esa persona en privado o en público. En cambio, una persona positiva intentará averiguar quién ha cometido el error, pero en lugar de centrarse en la persona, utilizará su energía para resolver el problema en cuestión. Cuando el problema se haya resuelto, volverá a dirigirse a la persona que cometió el error y, en lugar de reprenderla, le darán un *feedback* constructivo para ayudarla a no cometer el mismo error en el futuro.

5. Detente a ti mismo: cuando observes que tus pensamientos están cayendo en una espiral de negatividad debes reprenderte de inmediato. Por eso es tan importante el autoconocimiento, con este puedes identificar el momento exacto en el que tu gemelo autodestructivo asoma su cabeza. De esta manera, cuando te des cuenta de que tus pensamientos no te dirigen a buen puerto deberás decirte a ti mismo: «¡¡¡Para!!!», luego respira profundo, sal a dar un paseo para despejar la cabeza o haz lo que necesites para acallar esa voz interior.

6. Consigue la ayuda de personas positivas: es bueno tener amigos, pero tener amigos positivos en los que puedas confiar es aún mejor. Una persona positiva te ayudará a superar tus pensamientos negativos, te animará cuando te sientas mal, mirará tus problemas desde un punto de vista objetivo para que tú también puedas ver el lado positivo. Tus amigos negativos no harán lo mismo por ti, así que en lugar de animarte, lo más probable es que te desanimen más, porque se alimentarán de tus pensamientos negativos y te contagiarán aún más negatividad.

7. Empieza a escribir un diario: tener un diario es una forma estupenda de anotar tus pensamientos. Cuando te sientas mal, escribe; después, escribe tus respuestas positivas a tus pensamientos negativos. Piensa cómo puedes convertir una situación negativa en una positiva y resalta las notas positivas en tu diario, así, cuando vuelvas a sentirte deprimido, podrás encontrar con facilidad las anotaciones positivas que te ayuden a animarte; además, también puedes utilizar tu diario para escribir todas las cosas buenas que tienes en la actualidad.

> El estado de tu vida no es más que el reflejo del estado de tu mente.

8. Considera el fracaso como una oportunidad para aprender: el fracaso no es el gran lobo feroz que se suele creer es. Por supuesto que fracasar a lo grande puede parecer aterrador, es algo que creo nadie quiera experimentar, pero piensa:

¿cuántas veces han fracasado los empresarios de éxito antes de tener éxito? La verdad, es probable que las personas de éxito hayan fracasado más veces de las que nos podemos imaginar. Puede parecer contradictorio, pero las personas con éxito consideran el fracaso como un peldaño hacia el éxito; ganen o pierdan, obtienen algo de la experiencia.

9. Disfruta de tus logros: por pequeños que sean tus logros no puedes menospreciar estos; ninguna cosa grande puede completarse sin sus muchas partes pequeñas. Si tu objetivo es ser millonario en un año, da las gracias si obtienes algún beneficio que te acerque a esa meta, los grandes sueños empiezan en pequeño. Divide tus grandes objetivos en miniobjetivos, así es como se consigue que el éxito parezca fácil. Cada vez que consigas un miniobjetivo, celebra; no pienses que es solo una pequeña victoria, no olvides que las pequeñas victorias suelen conducir a las grandes. Disfruta cada paso del proceso y sigue persistiendo con actitud positiva.

10. Ajústate según sea necesario: tus sueños y objetivos no están grabados en piedra, puedes definirlos y moldearlos cuando y como quieras, al fin y al cabo son tuyos; pero si algo ocurre en el camino y no puedes alcanzar tus sueños como esperabas, no te preocupes, a veces hay que adaptarse y ajustarse. Cuando planificas algo por primera vez es posible que no hayas tenido en cuenta algunos factores importantes, habrás recorrido un largo camino y no querrás venirte abajo ahora, entonces piensa en las alternativas y en cómo estas pueden resultar mejores de lo que esperabas al inicio.

11. Tus esperanzas y sueños en la vida: a veces nos deprimimos tanto que pensamos que nunca podremos conseguir lo que nos proponemos. La mejor manera de combatir esto es recordarse a sí mismo por qué elegimos esa meta o ese sueño; pon las cosas en perspectiva y te animarás a continuar con lo que has empezado, es probable que dudes de ti de vez en cuando, pero no dejes que eso te desvíe de tu camino hacia el éxito.

12. Haz todo lo que esté en tus manos para conseguir tus objetivos: hay muchas maneras de conseguir los objetivos en la vida, puedes dividir tus objetivos en miniobjetivos para que te resulte más fácil conseguir algo. Cuando obtengas un logro date un capricho por el trabajo bien hecho, no es necesario derrochar en artículos caros, a veces puede bastar con un chocolate, solo recuerda que no debes premiarte con algo que te impida alcanzar los próximos miniobjetivos hasta lograr el gran objetivo. Por ejemplo, si estás tratando de perder peso no deberías darte el gusto de comer en tu restaurante favorito.

13. Habla contigo mismo: hazlo en voz alta, escuchar tu propia voz a veces puede hacer maravillas con tus pensamientos, pero cuando hables contigo mismo procura no ser demasiado ruidoso, sobre todo si estás en público y tienes a otras personas muy próximas a ti porque pueden pensar que estás loco. No pasa nada por hablar en público, solo hay que aprender a modular la voz para que no te miren. Ahora bien, si te encuentras solo y la negatividad comienza a invadir tus pensamientos, entonces, hablar contigo mismo en voz alta será lo ideal. Si nunca has probado este truco puede que te lleves una sorpresa, un severo regañón de tu parte te ayudará a callar tu crítico interior. Puedes dirigir de forma verbal tus pensamientos negativos y orientarlos hacia una línea de pensamiento más positiva.

14. Ahoga tu voz interior negativa con positividad: la mejor manera de bloquear tu voz interior negativa es sustituirla por la positiva. Si tu interior te señala todas las cosas negativas de algo, indícale tú las positivas, háblalo contigo mismo. Recuerda que ser objetivo no es lo mismo que ser negativo, sopesa los pros y los contras de ser necesario, pero no te centres solo en los contras, sobre todo si sabes que los pros superan con creces los contras.

15. Alégrate de verdad por el éxito de los demás: una de las cosas en las que se fijan las personas negativas es en el éxito de los demás, no para admirarlos y aprender de sus historias, sino para «justificar» el que ellos no hayan logrado lo mismo o más, y menospreciar así el esfuerzo de quienes sí lo han alcanzado, dando por hecho que ha sido cuestión de suerte o por tener mejores condiciones por lo que hoy están donde están. Sentir celos y envidia por el éxito del amigo o familiar que ha progresado es, en definitiva, el signo de la mayor derrota de quien lo manifiesta, pues se invalida al sentir lástima de sí mismos. Si te reflejas en ese espejo, tienes que ponerle fin ahora mismo, tienes que ver el duro trabajo que le ponen a sus metas; emúlalos y pídeles consejos si de veras sueñas con un destino similar.

16. Tienes suficientes bendiciones en tu vida: a veces tu negatividad saca lo peor de ti y no ves lo que tienes delante; estás tan consumido por los celos, la decepción, la tristeza y la ira, que no te das cuenta de todas las bendiciones que tienes en tu vida; es lamentable, pero la mayoría solo se percata cuando lo pierde. Antes de llegar a ese punto, mira a tu alrededor y agradece por todas las bendiciones que tienes ahora mismo. No tengo duda de que puedes alcanzar metas, pero para obtenerlas debes trazarte objetivos claros y realizables. Asimismo, deberás ser perseverante y valiente, deberás desarrollar una voluntad de hierro que te permita continuar más

Ya eres exitoso con el hecho de solo existir.

allá de las vicisitudes y obstáculos que te encuentres en el recorrido hacia ellas; pero mientras vayas por ellas, no te olvides de agradecer por el aquí y el ahora, por todo lo que tienes.

Pediste **crecer**, pediste **éxito**; cada **sueño logrado** viene con una pesadilla incluida, **no te asustes** y **pelea**

CAPÍTULO VI

Reinvención

◄(88)►

Una oruga tiene una razón de existir y tiene una misión en la naturaleza, para esta larva que camina, de color vistoso o críptico, vellosidad y patas, es posible realizar una serie de cosas, pero no son posibles otras; por ejemplo, puede desplazarse por el suelo, subir por una rama, pero no le será posible saltar o volar de rama en rama sin caer al suelo; pero llega un momento que descubre que tiene la capacidad de cambiar de forma, que sí le es posible alzar vuelo, entonces en ese proceso de metamorfosis, de transformación y cambio, emerge un hermosa mariposa.

Cuando hablo de reinventarnos

Me refiero a que la verdadera transformación de la oruga no radica en su aspecto físico, sino en su mente, pues de nada le sirve a una oruga convertirse en mariposa si continúa pensando como gusano.

Me refiero a la capacidad que como seres humanos tenemos de redescubrirnos, de salir de la crisálida para comenzar el proceso de metamorfosis, para transformarnos en quienes en verdad somos. En este sentido, la reinvención es un proceso, desde mi punto de vista y experiencia, apasionante, pero nada simple, porque implica descubrir los talentos, recursos y posibilidades que tenemos, de lo que no somos conscientes de poseer hasta que iniciamos la metamorfosis.

La verdadera transformación ocurre cuando te atreves a salir de tu zona de confort y enfrentar esos miedos tan terribles que te atormentan, que el miedo, sea ser diferente o de tomar decisiones arriesgadas porque solo así podrás alcanzar la victoria, así que recuerda que el día de hoy es un regalo, una oportunidad para empezar de nuevo y hacer las cosas mejores; desde que despiertas tienes la elección de vivir el día al máximo o dejarlo pasar como uno más, sin valor con la misma monotonía de siempre, pero si realmente quieres sacar el máximo provecho no solo de tu día sino de tu vida debes de aprovechar cada minuto máximo, esto significa hacer cada momento importante, que cada momento cuente no solo para ti sino también para los que te rodean y esto lo logras estando dispuesto a salir de tu zona de confort, desafiando tus límites; aprende algo nuevo, aprovecha las oportunidades y no tengas miedo fallar, nunca dejes tu felicidad a un lado, nunca dejes de saludar porque no te devuelven el saludo, nunca cambies tus buenas vibras por nada ni por nadie.

Es verdad que ser diferente no te hace mejor que nadie, pero hace la diferencia sí te permite mejorarte a ti como persona sin importar lo que haga otro, no pierdas el tiempo en cosas que no te aporten, empieza ahora y has que cada día sea mejor.

Es hora de tomar las riendas y hacer de ti mismo una prioridad. Todo lo que has querido durante tanto tiempo merece ser una prioridad en tu vida. Solo tú puedes hacerlo, solo tú puedes hacer el cambio y solo tú puedes iniciar el camino hacia la realización de lo que quieres. Así que no esperes más, el momento de actuar es ahora.

¡Llegó tu momento de ser prioridad!

Reinventarse es darse permiso para hacer cambios importantes en la vida, las reinvenciones se dan, por lo general, como respuesta a algo que te pide tu ser, una llamada, una necesidad interna al cambio. Por ejemplo, cuando ya no estás satisfecho con el tipo de vida que tienes, con tus relaciones, con la manera en que piensas, en que actúas, en ese momento empiezas a hacer cambios y esos cambios conducen una reinvención.

Prefiero que te enfrentes, luches y fracases a que te conformes con la comodidad de seguir igual. El cambio es duro, pero bien vale la pena. El mundo no se va a volver más sencillo de repente, a medida que madures tendrás más responsabilidades, la gente te exigirá y demandará más de ti, pero créeme se pueden hacer cosas difíciles mientras haya aliento en tus pulmones, mientras haya esperanza en tu corazón. Sube tu nivel, desafíate a ti mismo, decide que no vas a ser la misma persona.

Haz algo que tú del futuro te lo agradezca.

Quiero que estés convencido y dispuesto a transformarte, y luego a ir por todo.

Sin compromiso nunca empezarás, pero sin constancia nunca acabarás. Sé que no es fácil; no obstante, mantente trabajando, sigue esforzándote; nunca te rindas.

Eres el arquitecto de tu futuro, dentro de cada uno de nosotros hay un héroe dormido lo que pasa es que para que despierte hace falta el estímulo adecuado y ese estímulo solo es el amor, el amor a un sueño, a un ideal, a una persona.

Si no apuestas por ti no esperes que otros apuesten por ti, si no crees en tu capacidad, no es arrogancia es justo reconocimiento, no esperes que otros crean en ti porque vas a transmitir por cada poro de tu piel está percepción de que no puedes, no vales, no lo vas a lograr.

Jamás sucede algo en nuestra vida si no estamos dispuestos a que suceda, las decisiones nos construyen o nos destruyen, y aunque nosotros no podemos controlar muchas situaciones y escenarios que se nos presentan en la vida, podemos controlar y decidir cómo vamos a reaccionar a los eventos y consecuencias de nuestras decisiones.

> El éxito es ir de fracaso en fracaso sin perder el entusiasmo.

Este es un mundo lleno de oportunidades, tú crecimiento es ilimitado y debido a esto tu potencial también es lo es, es como un videojuego con una cantidad infinita de niveles; cada vez que dominas un nivel desbloqueas otro nuevo, nuevo reto, un nuevo tú para asumir, esto nunca termina; es un viaje sin fin de conocimiento y expansión tu crecimiento.

Las cosas que nos han sucedido a lo largo de nuestra vida tienen un profundo impacto en lo que somos hoy. No es lo que vives, sino lo que haces con esas experiencias, lo que determina el rumbo de nuestras vidas; expresar gratitud por esas experiencias y reflexionar en lo que hemos aprendido de ellas, nos permite sacar el máximo provecho de cada una.

Perseguir lo que amamos también nos da la oportunidad de compartir nuestras pasiones con los demás, lo que nos brinda una sensación de conexión y alegría. Cuando nos comprometemos a hacer algo que sea satisfactorio, significativo y bueno, nuestro espíritu se eleva.

Hacer lo que amas y encontrar tu propósito en la vida puede brindarte una sensación de alegría y satisfacción duradera. Cuando nos dedicamos a algo que dota de sentido y propósito nuestro día a día, elevamos nuestro potencial.

Intenta cosas nuevas, pero cerciórate de haberlas meditado antes, de planificarlas y de medir sus consecuencias. La decisión que tomes hoy puede ser tan importante que dentro de algunos años mires atrás y agradezcas haberla tomado. También puede no ser una decisión que tenga efectos inmediatos, pero que tal vez desbloquee un mundo nuevo de posibilidades futuras.

Te estás
acercando,
por eso se vuelve
más difícil.
NO abandones
ahora

CAPÍTULO VII

Consejos de otro orden

Hace años atrás me hubiese gustado leer lo que te comparto a continuación para mantenerme fuerte, para estar motivado, para ratificar que sí podía, aunque lo sabía.

De verdad, me hubiese gustado que alguien me lo reafirmara, tal cual como lo haré yo aquí contigo. Muchas son reglas personales que me funcionaron, muchos son pensamientos que se mantuvieron conmigo durante este proceso, me acompañaron y no permitieron que me abandonara a mí mismo.

Creo, en todo lo bueno que tengo para ofrecerle a este mundo, y tengo fe de que todo lo bueno acaba volviendo, es por esto que te comparto estos consejos:

¡Sal y muestra todo lo que tienes en ti!

Te invito a que te digas a ti mismo: «Estoy en mi mejor momento; por cada puerta que me fuese cerrada, abriré diez; cada área que me proponga la dominaré.

Estoy decidido a ganar sin importar la estación en la que me encuentre. He trabajado mientras otros dormían, disfrutaban; mientras otros malgastaban su dinero, yo he ahorrado; mientras algunos critican mi vida, yo estoy construyendo la vida que sueño.

Soy resistente, no me echaré para atrás, no me rendiré. Ahora soy un agente de cambio y transformación, soy el que marca la diferencia, soy el que cambia el juego. Sé quién soy, sé a dónde voy y sé de dónde vengo».

Esta debe ser tu mentalidad siempre. Ante cada dificultad, obstáculo, desafío, desánimo debes levantarte, no puedes abandonar tus proyectos por la primera o por todas las piedras y troncos que aparecerán en tu camino para hacerte desistir.

Este camino dificultoso es un gran entrenamiento y está hecho para personas valientes, fuertes y persistentes, en fin, para personas que no se dan por vencidas, para personas como tú.

¡Te felicito!

Por ser quién eres, otro en tus zapatos ya hubiera renunciado, pero tú, tú sigues adelante, aunque te caigas, aunque te canses, aunque sean muchas las pruebas. Te felicito por todo lo que has logrado, aun en medio de tantas luchas, obstáculos, caídas y juicios. Esto debe hacerte cada vez más fuerte, que cada día sientas más seguridad para seguir adelante y atravesar los días malos con fe, porque el Señor tiene todo bajo control.

Por esas pequeñas victorias que solo tú sabes cuánto te costaron y te alegraste en silencio. Nadie sabe lo que has luchado para llegar hasta dónde estás, solo tú sabes cuán capaz has sido para salir de aquellas cosas que a nadie le has contado, pues cuando creíste que caerías, en realidad se abrieron las puertas a tu favor; por ese motivo, siéntete orgulloso y sigue avanzando.

Dios te respalda, eres valiente, ya no estás en el mismo lugar y serán menos los días tristes. Cada día lo seguirás logrando, aumenta tu fe, tu esperanza y no dejes de dar todo de ti para llegar a la cima. Apláudete a ti mismo, porque hay sacrificios que muchos no entienden.

Cada día sé más fuerte y más capaz, porque hasta hoy has sido valiente y los días venideros no serán la excepción. Ahora abrázate con amor y felicítate, porque no ha sido fácil, pero sigues en pie de lucha y queriendo lograrlo todo. Dios no te soltará, así que pronto verás aquello que tanto le has pedido.

¿Por qué crees que sigues visualizando abriendo un negocio? ¿Por qué sigues imaginando el día de tu graduación u obteniendo un mejor trabajo? ¿Por qué crees que sigues imaginando el día que compres tu casa? ¿Por qué sigues visualizando el instante cuando estes manejando tu carro? ¿Por qué crees que sigues visualizando todo eso? Porque Dios te está mostrando a ti algo que nadie más puede ver ni creer, algo que Él tiene preparado para ti. Sigue trabajando, no te canses, te va a llegar.

Eres del tamaño de tus ambiciones.

¿Quién dijo que debía ser fácil?

El primer paso no te llevará a donde quieres ir, pero si te sacará de donde ya no quieres estar.

Hay que tener agallas. Deja de compadecerte, nada es más valioso que vivir, porque existe la posibilidad de cambio, de evolucionar a algo más grande.

Es permitido tomarse un descanso de casi todo, sangrar un rato, luego volver y sorprender al mundo. Ahora bien, una vez de vuelta hay que enfrentar con coraje la vida sí de verdad estamos determinados a triunfar.

Se requiere valor, porque todos ven el resultado final, cuando estás listo para mostrarte al mundo, pero no conocen la historia que hay detrás de la gloria, no conocen la sangre, el sudor, no ven las lágrimas que derramaste, las oraciones que rezaste, las incontables semanas en las que estuviste sin dormir para llegar adonde estás.

Te estoy hablando a ti que te niegas a quedarte donde estás, le estoy hablando a esa persona que no tiene problema en permanecer en la oscuridad porque sabe que cuando se sale del cuarto oscuro hay un sol resplandeciente esperándolo; me dirijo a ese hombre y a esa mujer que sienten el fuego en sus entrañas, a cada uno de ustedes les digo de forma individual: ya es hora de que sorprendan al mundo. Puede que tengas que dormir en tu auto, puede que tengas que quedarte sin comer, puede que tengas que sacrificarte como nunca lo ha hecho nadie en tu familia, pero, por favor, que nada de esto te haga desistir de tu deseo de dar el primer paso.

No puedes cambiar el viento, pero sí la dirección de las velas. Tú eliges qué rumbo darle a tu vida.

¿Qué harás con tu dolor?

¿Dejarás que te rompa o dejarás que te redefina?

Nadie puede hacerlo por ti. Será inevitable que te enfrentes a decepciones y experimentes algunos contratiempos, estos son parte de la vida. Para cada nivel hay un obstáculo. La vida me ha enseñado que la profundidad de tu lucha determinará la altura de tu éxito. Mientras vas hacia tu sueño, mientras vas hacia tu meta, te encontrarás con muchas distracciones. En esta vida siempre habrá obstáculos, siempre habrá retos, siempre habrá gigantes ¿Cuál es tu gigante? ¿es el miedo, la ansiedad, la inseguridad, la duda? ¿Cuál ha sido tu obstáculo? Este es el último día qué vas a permitir que este gigante te desafíe…

¿Qué te dirás?

«En la vida solo hay dos personas con las que tienes quedar bien y te debe importar lo que piensan de ti, esas son tu yo de 8 años y tu yo de 80 años. Que les puedas decir a ellas: esto fue lo que hice, eso fue lo que contribuí y eso fue lo que construí; esta fue mi vida».

¿Qué diría tu yo de 80 años más adelante, qué diría tu yo pasado, el de 8 años? ¿Estarían orgullosos de lo que estás haciendo? ¿Estarían orgullosos de la persona que eres el día de hoy? Porque al final de tu vida lo que más va a importar es la persona en la que te convertiste, lo que contribuiste, lo que apoyaste, lo que diste.

¿El miedo y el peligro son reales?

Comprendí que el miedo no es real, el único lugar donde el miedo existe es en nuestras ideas sobre el futuro. Es producto de nuestra imaginación que nos hace temer sobre cosas que no hay en el presente y que tal vez jamás existan.

El peligro es real, pero el miedo es una elección, todo es mental, si aprendes a controlar tu mente no tienes de que temer.

La única forma de vencer el miedo es dejar que te atraviese. El miedo siempre está acostumbrado a que tu huyas primero, así que cámbiale el juego, has que tus miedos te tengan miedo, asústalo primero tu hasta que no le quede más remedio que marcharse.

¿Qué tienen en común la motivación, la disciplina y la constancia?

La motivación es eso que te impulsa a levantarte muy temprano para trabajar duro. Eso que te empuja a quedarte despierto hasta tarde trabajando. Eso que te alienta en los momentos en que no tienes ganas y estás demasiado cansado, pero lo haces de todos modos porque tienes una motivación. Debes comprender que no siempre estarás motivado y está bien.

Tienes que aprender que, aparte de estar motivado, debes ser disciplinado, porque muy por encima de la motivación, la disciplina es lo que te ayudará a lograr tus objetivos.

La motivación no es más que el impulso de querer hacer algo en el momento; la disciplina es hacer lo que necesitas realizar para llegar adonde quieras estar el día de mañana. Sueños sin objetivos solo son sueños. En el camino, para conseguir tus sueños, debes aplicar la disciplina y, con mayor importancia, la constancia, porque sin compromiso nunca empezarás, pero sin constancia nunca terminarás.

Los que aseguran que algo es imposible, no deberían interrumpir a los que están lográndolo.

Debes atreverte a soñar, tener coraje y tomar riesgos. Las decisiones que tomes construirán tu futuro, pero si no las tomas jamás tendrás uno.

No es suerte

La mayoría cuando pierde llora y se rinde. Tienes que ser resiliente y sobreponerte a los malos momentos. A todos nos va mal de rato en rato, no solo te pasa a ti. Muchos creen que las personas ganadoras siempre tienen suerte.

…Y no, no es por suerte. Es por las ganas,

Por su personalidad. Por saber escuchar al universo.

Por saber estar. Por intentarlo una vez más. Por su manera de ser.

Es por el entusiasmo que le pone a todo lo que hacen.

Cree en ti

Nadie va a creer más en ti que tú mismo, así que tienes que creer en ti y darte esa fuerza que necesitas para conseguir lo que quieres, por supuesto que te vas a encontrar con huecos, piedras, abismos, caminos cerrados, en fin, encontrarás de todo, pero solo superarás los obstáculos si lo haces por ti mismo; lograrlo depende de ti.

Si te dijeran que vas a tener que fallar cien veces, pero que en el intento ciento uno tendrás éxito, entonces te aseguro que cada vez que fallaras te sentirías muy alegre, porque te estarías acercando cada vez más al éxito, es decir, acercándote al fallo ciento uno.

El dilema es que nadie nos dice cuántos fracasos nos faltan para llegar al objetivo. La clave está en no aburrirse de los fracasos y pensar en ¿qué tan grande soñarías si supieras que no vas a fallar? ¡Exacto! ¿Soñarías en grande?, ¿soñarías con ganas? Tienes que perder el miedo a fracasar, pues el fracaso es parte del proceso. Tienes que hacerlo mal para luego hacerlo bien; no aprendes nada cuando solo ganas, la única forma de que aprendas es de tus fracasos.

Cuando tienes una gran idea debes llevarla a cabo. No esperes a tener mucho para empezar, haz lo que puedas con lo que tengas y en donde estés, pero ¡empieza!

Enfoca tu mente, eso es todo lo que necesitas para atraer lo que quieres. Cuando aprendes a enfocarte en algo, entras en esa frecuencia de atraer lo que quieres; tal vez no tengas los recursos en estos momentos para crear y hacer algo grande, pero empieza con lo que tienes ¡ahora! No renuncies a tus sueños, no importa si no tienes la ayuda, si no tienes familia, si no tienes amigos, ¡nunca renuncies a tus sueños!, no lo hagas; aunque quizás te tome el doble de tiempo, aunque quizás tengas que tomar cursos y clases, aunque quizás te cueste la vida que tienes, pero, por favor, ¡no renuncies!

No hay excusas, trabaja duro y sueña grande. Si tienes un talento, haz de este una disciplina, pues talento sin disciplina no es talento.

Dios colocará personas en tu vida para que te llenen de bendiciones, de igual forma que te ha colocado en la vida de otros para que también seas una bendición para ellos. Por ello siempre existe una razón por la cual conoces a nuevas personas, porque cambian tu vida o tú los ayudas a cambiar la suya, lo cierto es que nada es coincidencia.

Cuando quieras renunciar, recuerda que una vez hubo una versión de ti que no pensó que llegarías hasta dónde estás el día de hoy, y hoy esa versión sigue estando dentro de ti, viéndote y muy orgulloso. Recuérdalo para que sigas adelante.

Yo también estoy cansado, pero hay sueños que cumplir… Tienes que estar bien con la posibilidad de fallar. Tienes que estar de acuerdo con el poner todo tu esfuerzo y saber que existe la posibilidad de que nada de eso valga la pena. Tienes que tener un sueño que te consuma, sal afuera y persíguelo hasta quedarte sin respiración.

Prométete éxito

Tal vez no hoy, tal vez no mañana y tal vez tampoco el próximo mes, pero asegúrate de que algún día lo tendrás. Si algo no salió como querías, no te culpes, hiciste lo más difícil, te atreviste a hacer algo sin saber lo que iba a pasar, y justo son esos pasos de valentía que hay que atreverse a dar para tener un propósito.

Cuida de quien te rodeas

Quizá la decisión más importante que debas tomar es de quiénes te rodeas, porque te vuelves como ellos, influyen tanto en nosotros que hablamos como ellos, caminamos como ellos, tomamos sus actitudes, sus valores, sus creencias, sus acciones, sus expectativas y hasta sus conocimientos.

Por ello, si nos asociamos con personas negativas, críticas, flojas y que desperdician su tiempo, nos volveremos iguales a ellas.

Siempre habrá alguien...

Siempre habrá alguien que se encargará de decirte que eso que quieres es imposible, que no se puede hacer. Por lo general ese alguien será de tu entorno; bien es cierto que la gente no sabe qué hacer con sus vidas, pero con la de los demás lo tienen clarísimo, ¡qué irónico! ¿No crees? Nunca te dejes convencer por el primer «no» que te den, no permitas que eso ocurra, así que cada «**NO**» tómalo como una (**N**)ueva (**O**)portunidad.

La mejor manera de predecir tu futuro es crearlo.

Si escuchas:

«Eso es imposible», «eso no se puede hacer», «no»;

cámbialo por «es posible», «sí se puede hacer», «sí».

Todo tiene un por qué

Harrison Ford a los treinta años era carpintero. Vera Wang no diseñó su primer vestido hasta los cuarenta años. Oprah a los veintitrés años fue despedida, ¡imagínate, despedir a Oprah! ¿Lo considerarías un error? No fue un error despedirla, porque en ese momento Oprah no era Oprah, solo era una jovencita de veintitrés años que necesitaba ser despedida para convertirse en Oprah. A veces tienes que fracasar para tener éxito y todo tiene un porqué, así que no cuestiones los procesos y disfruta del viaje.

No puedes apresurar las cosas. No puedes caminar sin gatear, es decir, no puedes saltarte los pasos, tienes que dar un paso a la vez; debes entender que las cosas toman tiempo, los atajos no existen y que debes tomar cada paso con pasión y determinación. Que pases por un mal momento no quiere decir que lo estés haciendo mal, al contrario, sigue luchando.

No te apresures, hay años para formular preguntas y hay años que dan respuestas; no todo es ya ni ahora. En la vida todo tiene su tiempo. Tus sueños nunca te decepcionarán, si tú no los decepcionas a ellos. Así que el día que dejes de soñar que sea porque ya se hizo realidad; pero ten muy en cuenta que los sueños no se cumplen solos, se trabajan todos los días para que sucedan. Como nos dice Santa Teresa de Ávila: «Nada te turbe, que nada te espante, todo se pasa, Dios

Que ninguna crítica afecte tu energía ni mucho menos acabe con los anhelos de tu alma.

no se muda, la paciencia todo lo alcanza, quien a Dios tiene nada le falta, solo Dios basta».

Descubre tu propósito

Si Dios te hubiese querido dejar solo o si te hubiera querido abandonar, no hubiera tenido que esperar hasta ahora, lo hubiera hecho desde que estabas en el vientre de tu madre y antes de que respiraras por primera vez. Si en realidad no tuviera un propósito planificado para ti, ahí mismo hubiera acabado todo, pero si estás aquí no fue porque tu madre y tu padre decidieron traerte al mundo, fue por Dios, porque él te eligió. No es coincidencia que estés aquí, es que Dios ya te miró, te pensó, te analizó y, ¿sabes qué?, calificaste, calificaste para el propósito que Él tiene pensado para ti, te queda a ti descubrirlo.

Solo tienes que confiar

En lo que está pasando, aunque no lo entiendas; créeme, los resultados te agradarán, es cuestión de que permanezcas fiel a tus principios y no abandones tus metas. Si vieras el tamaño de la bendición que viene, entenderías la magnitud de la batalla que ahora peleas.

Sé que hay días más complicados que otros y quiero recordarte que todo se acomodará en el tiempo indicado, que eres más fuerte de lo que crees y que siempre puedes con más. ¿Recuerdas aquella vez que sentías que no ibas a poder? Detente un momento y reflexiona de cuántas cosas has salido adelante.

Permítete tener días malos, días en los que no te sientas tú o no puedas más. Permítete estar triste e incluso llorar. Desahógate. Hazlo las veces que necesites hacerlo. Permítete desconectar y ponerte en modo avión para poder despegar de nuevo. Si hubieras tenido la mentalidad que tienes hoy, no habrías cometido los errores que cometiste, pero la mentalidad que tienes hoy es gracias a esos errores. Por ello lo que está destinado a ser, siempre encontrará la manera de ser. Nada llega de casualidad, todo te está enseñando algo.

Comete errores, pero no te arrepientas, aprende de ellos. No desperdicies tu vida, ponte metas altas, deja de pensar en lo que está mal y empieza a pensar en lo que está bien, ama un poco más y odia un poco menos.

Saldrás herido muchas veces en la vida y cometerás errores, algunos los llamarás fracasos, pero en realidad el fracaso es la forma que tiene Dios de decir que te estás moviendo en la dirección equivocada y que solo es una experiencia, no es toda tu vida, y es de vital importancia que recuerdes que solo es una temporada y va a pasar, pues todo pasa, así como aquello que no te dejaba dormir ayer, ya pasó. Entonces, buena o mala, fácil o difícil, cada etapa en esta tierra es temporal y pasajera.

Dios sí responde

Pero no de la forma exacta como tú quieres que te responda. Mira este ejemplo: Pedí valentía y Dios me dio peligros para enfrentarlos. Pedí fuerzas y Dios me dio dificultades para hacerme más fuerte. Pedí sabiduría y Dios me dio problemas para solucionarlos. De repente todo comenzó a salir mal cuando pedí crecimiento. Pase por mi etapa más oscura y toque fondo en tantos aspectos de mi vida. Me pregunté tantas veces ¿por qué me pasaba todo eso?, hasta que lo entendí… Y es que Dios me colocó en una posición en la que la única salida era crecer.

Entonces, todo lo que le pedí me fue respondido, no como quería, pero sí como debía, y gracias a ello no soy el mismo, dado que tuve que sobrevivir en aguas en las que nunca nadé, claro que no soy el mismo.

Despertar

Despierta un día y deja de poner excusas. Despierta un día y deja de culparte. Despierta un día, mira tú reflejo y dile:

«¿Qué estás haciendo? ¡Despierta!

Es hora del espectáculo ¡Vamos!».

Dejar ir...

Enfócate en ti, pero ten muy presente que cuando esto hagas, vas a ver cambios en muchísimas personas; personas que jamás pensaste que perderías, las perderás; personas que jamás pensaste se alejarían de ti, se alejarán, déjalas ir. Quien te quiere va a comprender que en este momento estás enfocado logrando lo que necesitas.

Entonces quédate con esas personas que comprenden que ahora no tienes el tiempo para salir como antes, que valoren que estás tratando de alcanzar tus metas, que te aprecien, y si es preciso te apoyen a llegar adonde quieres.

No te sientas mal cuando personas que pensaste te acompañarían siempre se vayan de tu lado; nosotros amamos como si nunca se fueran a ir, y eso está bien porque amar es una apuesta que hacemos antes de recibir las barajas, al menos así amamos algunos, nos damos por completo.

El proceso no te matará, no te detendrá, no te hará rendir. El proceso te hará fuerte.

Cuando dejas ir también se va lo que soñabas, lo mucho que te emocionaba ver a esa persona y te despides de quien serías a su lado, pero chocas con la contundencia de saber que quedarse es abrazar la infelicidad.

Más allá de planear una vida ideal, damos el paso porque es algo genuino, una firme intención de poner juntos los ladrillos. Sí, duele demasiado derrumbar lo construido. Puede que nos duela la ingenuidad o que se nos hayan derramado las expectativas que colocamos en otros.

Hay personas que llegaron a tu vida por una buena razón, pero llegará un momento en que se van a ir de tu lado, no las retengas porque te traerán dolor. Dios permitió que entraran a tu vida por un momento, por una temporada, tenían visa de paseo y cuando se les venció, Dios dijo: «Es hora se partir, porque lo que yo quise que hicieras en la vida de él o ella, ya lo hiciste y ahora te vas, porque culminaste el propósito que te mandé a cumplir».

Es cierto, quedarse destroza, desgarra por dentro, y no encontrarás arreglo junto a los que te rompieron, pero considero que es una mejor opción irse con dominio propio, retroceder con serenidad y dejar ir con generosidad. Hay dolores que te sanan, que te vacunan de algún modo. ¡Benditos esos dolores que nos mantienen de rodillas!, ¡esos que empujan hacia la gratitud al recordarnos de qué estamos hechos! Ámate tanto como quisiste que otros te amaran.

El tiempo de Dios es perfecto

«Si Dios te está poniendo a esperar, si Dios te está aguantando», espera con paciencia, por favor, no te imaginas lo que está por llegar.

No sé cuántos de ustedes han experimentado un momento de estancamiento, un momento de retraso y a veces no son tan solo momentos, son períodos largos en los que ya cansado te preguntas: «¿Cuándo voy a salir de este hoyo?».

Yo he pasado por ahí, he pensado lo mismo y he querido salir por mi propia cuenta, pero Dios nos dice: «Si sales antes del hoyo te va a aplastar un carro ahí afuera (literalmente)», y aun cuando pensemos que es Dios el que nos mantiene estancado, quien no nos permite avanzar, en realidad lo que está evitando es nuestra propia autodestrucción.

Todo tiene su tiempo y cuando esperamos el tiempo de Dios comienzan a fluir cosas maravillosas; verás lo mejor de ti, te mostrará tu verdadero propósito. Cree sin cesar, sueña en grande y grandes cosas sucederán.

Actúa ya y ahora...

Ni leer, ni emprender, ni salir de la zona de confort, ni accionar servirán si no tienes claro ¿qué quieres? y ¿para qué lo quieres? Si no defines qué es eso que debes cambiar o cuál es el camino que te podría brindar mayor satisfacción, te pasarás la vida levantándote a hacer mucho, pero sin sentir plenitud.

Si no tienes una visión no sabrás adónde quieres ir y terminarás perdido, sin rumbo; es como tener el mejor barco o avión del mundo, pero si el piloto o el capitán no saben adónde ir, no acabarán en ninguna parte o, lo más probable, en el lugar equivocado.

No importa cuántas frases de motivación leas aquí o en otro libro, a cuántos videos de crecimiento le des *like* ni tampoco cuántos *podcasts* escuches, necesitas hacer cambios y actuar.

Tienes que sentarte, definir cuáles son en realidad las metas que deseas alcanzar. Debes analizar tus hábitos, las cosas y personas que te rodean, así como las creencias y pensamientos que siempre te hacen rendirte o postergar. Es imposible que te rinda el tiempo para tus metas y prioridades si:

Pasas más tiempo observando la vida de otros que la tuya. Le dices siempre sí a todo y a todos. Duras más haciendo planes y analizando que actuando. Siempre crees que existirá otra oportunidad.

Henry Ford dijo: «Tanto si crees que puedes hacerlo como si no, en los dos casos estás en lo cierto». Nuestro cerebro no tiene la capacidad de diferenciar entre una y la otra. ¿Qué eliges creer? «Soy exitoso», «soy fracasado», «soy inteligente», «soy muy capaz», «soy un inútil». Lo que te repites a diario es lo que termina reflejándose en tu realidad. Yo elegí creer en todo lo bueno, lo puro y lo verdadero. Creer que la luz es real y que no todo está perdido; escogí el camino largo, pero seguro.

Tengas la edad que tengas, toma una firme decisión de comenzar a correr una carrera y no te detengas hasta llegar a la cima. Nada es tan grande para no intentarlo. No te conformes con menos de los que quieres nunca.

Tu pasado y futuro

«El pasado ya no existe y el futuro está en el aquí y en el ahora». El pasado solo debe ser una biblioteca para aprender de los errores, no una cárcel para vivir encerrado en ella. El futuro es el resultado de lo que hacemos día a día.

Empieza aquí, desde donde estás, toda persona experta en un momento fue un inexperto. No te quedes esperando el momento perfecto ni creas que los demás están en donde están por suerte, la mayoría empezamos de cero, haciendo muchos sacrificios y con mucho miedo.

Nadie tiene todo resuelto

Todos padecemos un poco de lo mismo y estamos en un proceso, sufriendo, sanando, aprendiendo y creciendo de formas distintas. Tú dale, vas bien. Darte cuenta de tu autovaloración es el comienzo de cualquier cambio. Alguna vez leí que «una actitud cambia todo, acaba todo o inicia algo». Así que toma una actitud que te haga subir de nivel, tanto que tengan que volver a conocerte.

Cuando descubras tu poder y te enamores de ti, darás un salto cuántico que te llevará a la cima. Confía en ti. Tienes todas las cualidades que necesitas para manifestar las cosas que deseas, pero para lograrlas necesitarás estrategia, herramientas, preparación, disciplina y constancia. Es cierto que las dificultades y los obstáculos aparecerán, pero si permites que tu proyecto muera por cada bala de salva disparada, llegará otra persona que tomará sus «despojos» y construirá con ellos lo que tú no fuiste capaz de edificar. No importa lo que haya nacido en tu mente, ninguna idea es irrealizable, solo es cuestión de tiempo para que lo que ayer era considerado un disparate, mañana sea aplaudido como una genialidad.

El cansancio pasa, pero la satisfacción es permanente. Continúa por más cansado que estés.

Aprende a sudar para obtener lo que deseas; el miedo, el orgullo y la pereza no te servirán de nada para acercarte a la meta. Necesitarás de un plan maestro que contenga segundos claros, minutos pensados, horas planeadas, acciones ensayadas, habilidades perfeccionadas y disposición absoluta.

Eres capaz de crearlo.

¿Todavía estás sentado? ¡Sal ya a ganar!

Tienes el poder de crear la historia de tu vida.

Bendito caos...

Aunque en la superficie veas caos, en niveles más profundos todo se está ordenando de manera perfecta y armónica. ¡Confía! aunque veas lejano el punto de llegada, ahora estás mucho más cerca de lo que estabas al principio. Descansar si es preciso, toma aire, prémiate con algo que te guste y estimule, y emprende de nuevo la marcha.

El árbol...

Naciste en la tierra, como semilla que da vida a un árbol has crecido y tus raíces están lo suficientemente listas para continuar creciendo y permanecer ancladas para no dejarte caer.

En ese crecer muchas personas querrán podar tus ramas, pues no conciben o no soportan verlas tan frondosas, aunque solo les estás haciendo bien al darle aire puro, pero ellas no lo ven. Ahora bien, no importa cuántas quieran tumbar tus ramas, tú sigue creciendo frente a ellas.

Vas a tener que armarte de valor y quebrar algunas ramas de tu tronco para dejar caer a personas que has sostenido toda tu vida en ellas. Una vez hagas esto estarás listo para que te crezcan nuevas ramas y dar aire limpio y puro a quien en verdad lo aprecie.

Da todo lo que tengas

Tienes mucho para dar y es algo que te corresponde demostrarte, una persona que desarrolle su autoconfianza, que se visualice y se proyecte a futuro, solo le queda accionar y darlo todo sin detenimiento, con la mayor pasión y entrega posible.

Prepárate y trabaja duro, haz un plan, crea una ruta y comienza a caminar: cada paso que das te aleja de donde estás ahora y te acerca a donde quieres estar. Antes de eso, hay que responder a tres preguntas principales:

¿Qué quiero conseguir?

¿Qué debo hacer para lograr esto?

¿Qué voy a dejar de hacer para lograr esto?

Contéstalas, luego da todo lo que tienes para crear lo que no tienes, experimentando con diferentes formas hasta encontrar la adecuada. Sigue siempre avanzando, es la única manera de convertirte en la persona que deseas ser

Quiero que des todo que lo tengas, que luches de forma incansable, que seas valiente. Quiero que te esfuerces porque este es el momento, muéstrale al mundo quién eres y qué quieres.

Tienes que entender que se necesita valor, pasión y determinación para llegar al nivel en el que quieres estar.

Abraza la autodisciplina, cambia el placer pasajero por ganancias a largo plazo; elige tomar decisiones que beneficien tu vida. Toma las riendas de tu vida, escoge ser la mejor versión de ti mismo y camina por el sendero que te llevará a alcanzar tu verdadero potencial.

> Si consigues lo que quieres, ganas. Y si lo que deseas no ocurre, creces.

Te debes a ti mismo, así que sigue insistiendo, no te rindas. Hay una razón por la que empezaste este viaje, piensa ahora ¿por qué empecé?, ¿por qué di ese primer paso? Aférrate a esa razón y continúa.

Emplea cada minuto de cada día al máximo para poder alcanzar tus metas y estar a la altura de tu verdadero potencial. La única persona que está aquí para ayudarte es la que ves en el espejo; así que deja de poner el poder en manos de otras personas, el poder de tu vida lo tienes tú, domina tu mente y crece cada día.

La vida no es un juego, tienes que centrarte en ti; no estoy diciendo que te olvides del resto de la gente que quieres, pero que te apartes de las personas y de las cosas que no te están haciendo fuerte, que no te están haciendo mejor, que no te están dando la fuerza que necesitas para seguir viviendo la vida que tienes planeada.

Multivitamínico para ganadores

—

Gran parte de lo que
eres hoy se debe
a las decisiones
que tomaste ayer,
y mucho de lo que
vas a hacer mañana
estará condicionado
por las decisiones
que tomes hoy.

—

Nada contra la
corriente, se
diferente, no dejes
que el mundo
te domestique.
Mastícalo, digiérelo
y obtén de él los
nutrientes necesarios
para tu beneficio
y crecimiento.

—

Para los que ya no
sueñan, porque sus
sueños están rotos,
dejen de matar los
sueños de los demás.

—

Estás a punto de llegar. Es solo un esfuerzo más. No te desanimes, continúa dando lo mejor de ti y nunca olvides que las cosas buenas le esperan a quienes insisten, persisten y resisten.

—

Sé que ha sido difícil, pero ¿y si todo por lo que estás pasando ahora mismo te está preparando para aquello por lo que has estado orando?

—

Voy a volar dijo el
gusano, todos se
rieron de él excepto
la mariposa.

—

La comodidad
debilita, mientras que
el esfuerzo fortalece.

—

Si no estas soñando
en grande por ti
mismo ¿Quién crees
que va a hacerlo
por ti?

—

No puedes rendirte, si
estas respirando aún
hay oportunidad
de lograrlo.

—

El cielo no es tu
límite, es tu punto de
partida. Te deseo el
coraje para romper
con todo lo que
te limita.

—

Cuando lleguen esos
días agotadores en
los que cada fibra de
tu cuerpo te dice que
te rindas, abraza
la autodisciplina.

—

La vida es una
secuencia de
decisiones
interminables, por
ello tus objetivos
no deben ser
inamovibles.

—

Haz tú mismo las
cosas suceder.
Si no haces
nada «suceder»,
nada sucede.

—

Se agradecido por lo
que tienes, pero no
te quedes estático;
Sigue avanzando.

—

Lo que está
destinado a ser,
siempre encontrará
la manera. Nada llega
de casualidad,
todo te está
enseñando algo.

—

Si antes hubieses
tenido la mentalidad
que tienes hoy, no
habrías cometido
los errores que
cometiste, pero la
mentalidad que
tienes hoy es gracias
a esos errores.

—

El futuro que quieres,
se construye en
el presente.

—

Los objetivos
no se alcanzan
solo deseando,
sino poniendo
todo nuestro
esfuerzo para
hacerlos posibles
y perfectibles.

—

Tienes la libertad de
escoger el papel que
quieres representar
en la película de
la vida. Sueña
alto, trabaja duro,
mantente enfocado,
confía en ti. No te
detengas hasta
hacerlo real.

—

El riesgo siempre
merecerá la pena
si el sueño es lo
suficientemente
grande. Se paciente,
ya viene todo lo que
pediste de rodillas.
Estás a solo un paso
de recibir todo lo que
has pedido.

El éxito no depende
de tu edad, grado,
riqueza o coeficiente
intelectual; depende
de tu fe en ti mismo
y de la acción
constante hacia
tus metas.

—

Tienes prohibido
mirar hacia atrás,
tu pasado ya no
te necesita,
tu presente sí.

—

Tu identidad no es terrenal, es divina. Nada es una casualidad en tu vida, todo te está acosando para el propósito por lo que fuiste creado.

—

Tus cicatrices son
señales de victoria
llevan tatuadas tus
batallas e historia.
Es mejor llevar
esas cicatrices en
el rostro por haber
enfrentado tus
miedos, que llevarlas
en la espalda por
haber huido de ellos.

—

Lo tienes todo. Cree en ti. Crea la vida que te mereces, sin importar cuántos miedos te cueste. Siempre ten hambre de más.

—

Piensa en lo que no
puedes y podrás.
Aprende lo que
quieras menos
a rendirte.

—

Aquel que dice que
puede y aquel que
dice que no puede,
ambos están en
lo correcto.

—

Si no lo haces por
miedo a perder, ya
perdiste. El costo de
equivocarte es menor
al costo de no
hacer nada.

—

Tu momento va a
llegar, por favor,
mantén tus sueños
con vida.

—

La pasión por lo
que haces te hará
entender que los
límites son mentales.

—

Para los que se ríen
de ti porque eres
diferente, ríete de
ellos porque
son iguales.

—

Cuando cambias:
«solo voy a vivir la
vida» a «voy a diseñar
la vida que quiero».
No sabes la magia
que viene después
de eso.

—

En unos años ¿qué
te dirás?: «ojalá lo
hubiera hecho» o,
«qué bueno que
lo hice»

Tus sueños nunca
superarán tu
imaginación. No
puedes lograr lo
que no crees. Por
eso generar ideas
es importante, con
la intencionalidad
de ejecutarlas y
hacerlas realidad.

—

La sociedad juzgará
a quien actúe bajo
sus propios ideales,
sin embargo, no
hay peor locura que
renunciar a nuestra
esencia para encajar
en una distorsionada
sociedad.

—

Siempre es el mejor momento para comenzar, no importa lo profundo que caigas, ni las veces que tropieces. Lo que vale es que siempre estés dispuesto a pararte y crearte de nuevo.

—

No te quejes de lo
que no conseguiste,
por el trabajo que
no hiciste.

—

Tú eliges qué rumbo
darle a tu vida. No
puedes cambiar el
viento, pero sí la
dirección de
las velas.

—

El cobarde no inicia,
el débil no termina, el
fuerte no se rinde.
¿Cuál de los tres
eres tú?

—

Cuando tus sueños
son más grandes que
tus excusas, cuando
la preparación
se topa con la
oportunidad, ahí
ocurre el éxito.

Despedida

Gracias por llegar a la parte final de Adicto al éxito, agradezco el tiempo invertido y compartido a través de estas líneas. Deseo que las palabras, experiencias y reflexiones se hayan convertido en el combustible que necesitas para emprender tu recorrido.

Espero que alcances el nivel de éxito que no requiere una explicación porque habla por sí mismo y no necesitas a otras personas para poder validar tus logros. Disfruta el proceso de trabajar en ti mismo, eso sucede simplemente haciendo lo que te gusta y dirigiendo tu vida hacia lo que quieres lograr. Si quieres que tu vida sea buena dilo, recuerda que tú creas tu propia realidad.

Quiero que cierres este libro llevándote la idea de que no hay límites. La frase trillada el «cielo es el límite», elimínala de tu vida y todo lo concerniente a ti.

Esa frase es para mentes pequeñas, creada por personas que siempre querrán mantenerte bajo su yugo. Al decirla te estás condenando, limitando y estancando.

Nada debería limitarte, tu límite te lo pones tú. Que nadie nunca defina ni que eres, ni que eres capaz de hacer.

Es mejor no conocer hasta dónde eres capaz de llegar; pero sí es importante que sepas que eres poderoso, solo que aún no lo crees o no se te ha presentado aquella situación en donde tengas que demostrar lo grande y capaz que eres para hacer y crear. No te limites, no te estanques; sí está permitido caerse, llorar, tomar una pausa, respirar, pero, por favor, no tardes mucho en levantarte y continuar; atrévete a todo, ama los riesgos, sé atrevido, pero precavido. Coquetea con la vida, enamórala y aprovecha todas sus oportunidades.

La mayoría de nosotros hemos sido condicionados para no correr riesgos, sino para ir por lo seguro. Desafíate a ti mismo, esfuérzate de forma constante. No pierdas tiempo en lo que pasó, no hay retorno, no hay vuelta atrás; lo que pasó, pasó. Toma el aprendizaje y sigue,

Sé amable contigo, discúlpate a ti mismo, estamos en un proceso. Hay cosas que somos y no queremos ser, pero aceptar es la vía para cambiar. Hay cosas que aprender y cosas que reprogramar. Hay cosas que somos y aún no sabemos, pero hay que buscar la forma de conocerlas. Estamos en construcción, pero ya hemos estado en demolición.

No te conozco, pero te agradezco por darte la oportunidad de querer crecer y aprender. Ya eres grande, solo necesitas visualizarlo y creerlo. Nunca dejes de aprender, quien aprende no depende.

Aprende a estar. Aprende a pensar. Aprende a ser fuerte. Aprende a trabajar duro. Aprende a ayudar a los demás. Aprende a no hablar de tus cosas. Aprende a aprender de los demás. Aprende a que tu silencio hable por ti. Aprende lo que quieras menos a rendirte. Aprende, aprende y aprende… Nunca pares de aprender.

Hay momentos en los que no se logra lo que uno quiere. No pasa nada. Nos toca solo investigar qué sucedió, qué habilidades necesitamos desarrollar; aprender de la experiencia y comenzar una vez más. Algunos finales son solo el comienzo de algo más.

Tenemos derecho de apagarnos, de querer tirarnos en la cama y no levantarnos, hay derecho también de alejarse de todo y de todos, y en el silencio abrazarse, llorar hasta vaciarse, mirarse hasta encontrarse. Hay derecho de pausarse.

Hoy estamos justo donde debemos de estar, pero no es aquí a donde pertenecemos, debemos estar felices, pero no conformes; no estamos ni siquiera en la mitad donde nos hemos prometido llegar. Prométete todo lo que quieras ser y trabaja día a día para cumplirlo.

No lo olvides, no estás tarde, no estás temprano; estás en tu tiempo. No es una competencia, enfócate en ti y trabaja con convicción por lo que quieres. Puedes empezar tarde, estar inseguro, probar y fallar, comenzar de nuevo y aun así tener éxito.

Ya estás listo para ser más, avanzar más y dar más.

Estás listo para sostener este diálogo con quien sea.

—¿Qué te resuma en dos palabras cuál es el secreto del éxito?

—*Decisiones correctas.*

—¿Cómo tomar decisiones correctas?

—*Te la resumo, en una palabra.*

—¿Cuál?

—*Experiencia.*

—¿Y cómo se logra tener experiencia?

—*¿Te lo digo en dos palabras?*

—Sí, ¿cuáles?

—*Decisiones equivocadas.*

¿Estás listo para arrancar? Pues, buen viaje.
Seguro nos encontraremos en el camino.

De ustedes siempre
AJWM.